JN301332

認識視点と因果

日本語理由表現と時制の研究

田村早苗 著

くろしお出版

序

　本書は田村早苗さんの博士論文を改訂したもので、京都大学のすぐれた博士論文に対する出版助成を受けています。私は彼女の指導教授として学部時代から、その研究の発展を見てきました。田村さんは主に日本語を対象として生成文法、形式意味論、形式語用論の研究を行っています。これらの分野に関する高い専門的知識を持っているだけでなく、日本で行われた日本語学の伝統に関しても知悉しており、両者のよいところを生かすという研究方法をとっています。この態度は卒論から現在にいたるまで一貫しており、彼女の論文はどれも日本語学で謎とされた問題を理論的に明示的な形で解決をしているため、理論言語学者にも特に特定の理論にコミットしていない記述的な立場をとる研究者にも興味深いものとなっています。彼女の研究の評価は非常に高く、博士後期課程の時に京都大学で行われた第16回 Japanese/Korean Linguistics Conference で発表を行っています。この学会は採択率20%前後という非常に水準の高い学会であり、日本語で教育を受けた大学院生の論文が採択されるのは極めてまれであるといえます。

　田村さんは緻密で、正確さと、忍耐力を伴う作業が得意で、共同研究者たちの信頼を受けています。文献整理、校正作業など、正確さと忍耐力と強い意志を必要とする作業で彼女の右にでるものはいません。研究にもこの緻密さと忍耐力が発揮されており、彼女の論文はどれも、膨大な観察、理論化から得られた一般化を豊富な例と説得的な議論で示した珠玉の一編であり、分野に対する大きな貢献があります。

　彼女は昨年度の頭脳循環を活性化する若手研究者海外派遣プログラムで2011年3月から6月までゲッチンゲン大学言語学科、8～9月にはニューヨーク市立大学言語学科、9月末からはシカゴ大学言語学科で研究をしてきました。この間、ゲッチンゲン大学では頭脳循環プログラムとゲッチンゲン大学共催のワークショップ開催に尽力し、同時に招待講演者として発表していま

す。シカゴ大学では、多くの言語学者との交流を深め、さらに研究能力に厚みをましました。

　彼女は私の指導した学生のなかでも並はずれた知力の持ち主であるばかりか、関心が広く、言語理論のみならず、談話理論、言語哲学、などさまざまな分野の専門的な知識を持っています。特に科学哲学、言語哲学の大学院生と研究グループを形成し、その中心的な役割を果たしています。日本の若手研究者でこのような広い分野に関して専門的な知識を持っているものは非常に少ないと思われます。本書はその集大成と言えるもので、大きな注目を集めることが期待されます。

京都大学文学研究科
言語学専修教授
田窪行則

目　次

序 　　　　　　　　　　　　　　　　　　　　　　　　　　　　　　i
表目次　　　　　　　　　　　　　　　　　　　　　　　　　　　　vii
図目次　　　　　　　　　　　　　　　　　　　　　　　　　　　　ix
略号表　　　　　　　　　　　　　　　　　　　　　　　　　　　　xi

第1章　序論　　　　　　　　　　　　　　　　　　　　　　　　1
　1.1　考察の目的・中心概念 1
　1.2　知識についての知識 4
　1.3　本書の構成 5

第2章　視点付き命題と理由文　　　　　　　　　　　　　　　　7
　2.1　はじめに 7
　2.2　視点付き命題と視点なし命題 8
　2.3　視点付き命題に言及する言語表現 12
　　　2.3.1　感情・感覚の述語 13
　　　2.3.2　個人的な好みを表す述語 14
　　　2.3.3　認識モーダル表現 16
　2.4　視点付き命題と認識視点の転換 17
　　　2.4.1　発話文脈と認識視点 18
　　　2.4.2　認識視点を転換する言語表現 23
　　　2.4.3　疑問文における認識視点の制約：補足 25
　2.5　理由文の用法と認識視点 27
　　　2.5.1　カラ・ノデ文の用法 28
　　　　　　2.5.1.1　理由文の用法分類 28

		2.5.1.2 因果関係と意志性	30
	2.5.2	理由文の意志性と視点付き命題	36
	2.5.3	カラ・ノデ節における認識視点の決定	38
2.6	理由文の統語構造		40
	2.6.1	認識投射	40
	2.6.2	日本語の節レベルとの関係	42
2.7	理由文の意味論		43
2.8	本章のまとめ		46

第 3 章　時制と視点の転換　47

3.1	はじめに		47
3.2	前提：現代日本語の時制形式と解釈		49
	3.2.1	時制形式と単文における解釈	49
	3.2.2	複文における時制解釈	51
	3.2.3	因果構文における時制形式の分析	52
3.3	問題点：因果構文における例外的事例		54
3.4	「観察」と「非難」：岩崎の分析		56
	3.4.1	観察が関わる因果構文	56
	3.4.2	非難が関わる因果構文	58
	3.4.3	3.4 節のまとめ：観察および非難が関わる因果構文の特徴 .	61
3.5	認識視点に基づく時制解釈		61
	3.5.1	観察の因果構文の分析	62
	3.5.2	非難の因果構文の分析	67
3.6	本章のまとめ		72

第 4 章　観察の因果構文について　75

4.1	はじめに		75
4.2	第 3 章の分析の補足と修正		78
	4.2.1	時制形式の意味論：再掲	78
	4.2.2	観察の開始・終了時点について：テイル形との比較 . . .	80

	4.2.3	意味論の修正	81
	4.2.4	カラ・ノデ節の出来事のアスペクト的特徴について	85
4.3	不定形分析への批判		87
	4.3.1	不定形分析の概要	88
	4.3.2	観察の因果構文と NI report との比較	90

		4.3.2.1	NI report と透明性	90
		4.3.2.2	観察の因果構文の不透明性	91

	4.3.3	不定形をとるその他の動詞	93
4.4	「観察」と知識		94
	4.4.1	「知識」の基盤と過去・現在・未来	95
	4.4.2	なぜ「観察」が関わるのか：基本形で表される知識	98
4.5	本章のまとめ		99

第 5 章 非難の因果構文について　　101

5.1	はじめに	101
5.2	副次的意味の詳細	103
5.3	先行研究：総称文分析と視点分析	107
	5.3.1 総称文分析	107
	5.3.2 視点分析	108
5.4	知識状態と非難の因果構文	111
	5.4.1 原因となる出来事についての知識が問題になる場合	112
	5.4.2 因果関係に関する一般的知識が問題になる場合	116
	5.4.3 主体ごとに知識が異なる場合：補足	118
	5.4.4 5.4 節のまとめ	121
5.5	認識視点による意味論的分析	122
5.6	「過去における予測」と否定的ニュアンス	124
5.7	本章のまとめ	129

第 6 章 結論　　131

おわりに	**137**
参考文献	**141**
索　引	**147**

表目次

2.1	「知識」および「知識状態」	10
2.2	オランダ語の理由の接続詞・前置詞と意志性（Degand 2000に基づく）	33
3.1	述語の基本形とタ形	50
3.2	相対時制／絶対時制と時間関係	51
4.1	補部の述語と透明性・意味論的対応物	91

図目次

2.1	(57a) と (57b) の因果関係	31
3.1	基本形が表しうる出来事と基準インターバルの関係	66
4.1	基本形が表しうる出来事と基準インターバルの関係（＝第3章図 3.1）	79
4.2	観察の因果構文における原因の出来事と基準インターバルの関係	86
4.3	命題の分類（田窪 2006 および 有田 2004, 2007 に基づく）	97
5.1	Cutrer (1994) による過去形の視点構造	110
5.2	Uno (2009: p. 39) による理由文の視点構造（Perspective structure）	110

略号表

adr	聞き手
AdvP	adverbial phrase
Beg(*e*)	出来事 *e* の開始局面の時点を取り出す関数
c	文脈
Cul(*e*)	出来事 *e* の終了局面の時点を取り出す関数
e	出来事
EA	認識主体 (epistemic agent)
h	発話場所
$K_{\langle EA,t \rangle}$	時間 t における認識主体 EA の知識状態
P_{emo}	感情・感覚述語
P_{pers}	視点付き命題に言及する表現
P_{taste}	個人的な好みをあらわす述語
saP	Speech-act phrase
sa0	Speech-act head
SenP	Sentience phrase
Sen0	Sentience head
spkr (*sp*)	話し手
$t, t_1, t_2, \ldots$	時点
TP	Tense phrase
T0	Tense head
τ	時間インターバル
ut	発話時
VP	verb phrase
w	可能世界

第1章

序論

1.1 考察の目的・中心概念

　本書の目的は、現代日本語の理由を表す表現と、そこに現れる時制形式の性質について、主に意味論・語用論的側面から分析することである。主として扱う表現は、理由を表すカラ・ノデである。

　本書の分析は、「知識」、「認識視点」、および「時間」という要素を軸として進められる。「認識視点」は本書で定義する知識の持ち主に関する概念であるが、詳細は以下で論じる。ここでは、これらの要素がなぜ重要と考えるかを簡単に述べておこう。

　知識に注目するのは、次のような理由からである。理由表現を用いるとき、わたしたちは出来事や事実を単に出来事・事実そのものとして述べているのではない。そうではなく、わたしたちはその出来事・事実に関係する一般的な因果関係・法則についても言及している。いっぽうで、理由表現を用いるとき、わたしたちは単に一般的な因果関係・法則だけについて述べているのではない。法則に言及すると同時に、個別的な出来事・事実が現に存在しているということも述べている。(1), (2) を例に考えよう。

(1) a. 海面が5m上昇したら、名古屋の市街地は海に沈んでしまう。
　　b. 海面が5m上昇するから、名古屋の市街地は海に沈んでしまう。
(2) a. 毎日4時間しか寝ないで勉強したら、合格するよ。
　　b. 毎日4時間しか寝ないで勉強するから、合格するよ。

予測条件文(1a), (2a)は因果関係・法則について述べているだけだが、理由構文(1b), (2b)からは、「海面が5m上昇する」「名古屋の市街地が海に沈む」「毎日4時間しか寝ないで勉強する」「合格する」が現実世界で真であることも示唆される。つまり、理由表現の使用は現実の世界に存在する事物と知識内に存在する因果関係・法則の両方に裏付けられている。これが、本書が知識を理由表現の分析上重要な要素として捉える理由である。

　知識の性質を考えると、「認識視点」の重要性が浮かび上がってくる。知識の重要な特徴として本書で注目するのは(3)の3点である。

(3) 知識についての想定
　　a. 知識は、知的行為を行う主体に所持されるものである。
　　b. 主体ごとに、所持している知識は異なりうる。
　　c. ある主体の所持する知識は、時間経過に従って変化しうる。

それぞれの想定について簡単に述べておこう。
　まず(3a)についてである。本書では知識を認識・推論・思考・予測・決断などの知的行為を行う主体が「持つ」世界についての情報であると想定する。このような主体は典型的にはわれわれ人間であるが、広く捉えた場合には高度な知的能力を持った動物、あるいは性能のよいコンピューターなども含みうる。このような主体を「認識主体」と呼ぶことにしよう。
　次に(3b)について述べる。世界には多くの認識主体が存在し、知識の内容は「誰の」知識であるか、つまり認識主体として誰を問題にするかによって異なる。例えば、「2010年11月11日に雨が降った」という知識をある人は持ち、ある人は持たない。それに対してまた別の人は、「2010年11月11日に雨

が降らなかった」という反対の内容を知識内に持っていることもありうるだろう。また、わたしは昨日の朝自分が何をしたか知っているが、あなたの昨日の朝の行動については知らない。

(3c)は、「いつの」知識であるかが知識の内容を左右するということを述べている。同じ認識主体が2010年11月11日昼12時には「2010年11月10日に雨が降った」ことを知らなかったが、同日の夜9時には知っているという状況も考えられる。

「2010年11月10日に雨が降った」のような個別的な事実に関する知識だけではなく、一般的な因果関係・法則に関係する知識についても認識主体や時間によって差異がある。「牛乳に酢を入れると固まる」という一般的な法則を知っている人もいれば、知らない人もいる。この法則を、ある人が10歳のときには知らなかったが、15歳のときには知っているということもあるだろう。条件表現を用いて表されるのでない、「カタツムリは両性具有だ」のような総称的な知識にも同様に、主体ごと・時間ごとの差異がありうる。

このような主体ごと・時間ごとの知識の差異を捉えるために本書で用いる概念が「認識視点」である。認識視点は、どの主体の、どの時間における知識に基づいて言語表現が用いられているかを分析するための概念である。

もう1つの軸となる要素は「時間」である。上述のとおり、理由表現は一般的な因果関係・法則と個別的な事実の両方に関係する表現である。個別的な事実の中でも、特定の時間的位置付けを持つような出来事・事態については、認識視点の時間的位置と出来事の時間的位置の関係が問題になる。つまり、認識視点から見て「過去」「現在」「未来」のどれについての知識であるかで、知識を分類することができる。

この分類は、単に時間だけに関係するわけではなく、知識の裏付けによる分類とも相関する。「過去」「現在」の出来事・事態は定まったものであり、直接体験を持つことができるが、「未来」の出来事・事態は直接体験することはできない。これは、時間そのものの性質であり、世界のあり方の特徴である (Thomason 1970, 田窪 1993, 2006, 有田 2004, 2007, Kaufmann 2005)。このような時間と世界の性質に対応して、知識の裏付けとなりうるものも異なる。過

去・現在に関する知識は直接体験が証拠となりうるが、未来に関する知識は直接体験を証拠とすることはない。この知識の特徴は、さらに言語表現の解釈に反映される。例えば、日本語の明示的モーダル要素をともなわない文の解釈を考えると、過去・現在についての文と未来についての文で解釈の可能性が異なる。

(4) a. 田中は昨日東京にいた。　　　　　　　　　　　　　　　　（過去）
　　　 裏付け：（A）○直接体験　（B）○証拠に基づく推論　（C）×予定
　　 b. 田中は今東京にいる。　　　　　　　　　　　　　　　　　（現在）
　　　 裏付け：（A）○直接体験　（B）○証拠に基づく推論　（C）×予定
　　 c. 田中は明日東京にいる。　　　　　　　　　　　　　　　　（未来）
　　　 裏付け：（A）×直接体験　（B）○証拠に基づく推論　（C）○予定

言語の意味論としては「モーダル要素を持たない文は話し手の発話時における確定的な知識を表す」という共通の分析だけを与え、その意味論が過去・現在・未来についての知識のあり方に照らして解釈されるとすれば、(4)のパターンを捉えることができる。このように、言語表現の解釈は知識と時間の相関から様々な影響を受ける。時間と知識、言語の解釈の関係は第3章から第5章の中心的なテーマとなる。

1.2　知識についての知識

　(3)で述べた特徴について考えを進めると、知識を分類するもう1つの基準が出てくる。それは、世界に存在する事物そのものについての知識であるか、「認識主体が持つ知識」についての知識であるか、という基準である。本書では前者の知識に対応する命題を「視点なし命題」と呼び、後者の知識に対応する命題を「視点付き命題」と呼ぶ。
　「知識についての知識」はわたしたちの思考や行動にどのような影響を持つのか。(3)で述べたように、知識は認識主体や時間によって異なる。そして、わたしたちはこのような違いそれ自体についても知識として持っている。こ

のような「知識の差異についての知識」は推論や行動決定にとって重要である。なぜなら、ある認識主体がどのような知識を持っているかに応じて、その認識主体の行動や判断は変化するからだ。他の認識主体がどのような行動・判断をするかについての予測や推論は、今度はまたわたしたちの行動決定に影響を与える。この点を考えれば、わたしたちが様々な認識主体の知識に関する知識を持ち、それをもとにした推論や判断を行うことが可能であること、またそのような推測や判断が重要な意味を持つことは明らかであろう。とすれば、人間の言語にも、複数の知識状態を反映するような現象が存在すると予測するのは自然なことである。本書では、理由表現の分析を通して、複数の知識状態が問題となるような言語現象を検討し、「今・わたし」以外の複数の知識を扱う分析の枠組みを提示する。基本的な枠組みは第2章で提示され、第3章以降がその適用例となる。

1.3 本書の構成

本書の構成は次のとおりである。まず第2章では本書の分析において基礎となる概念について論じ、それぞれの概念を形式化するための枠組みを提示する。まず、上でも述べた「視点付き命題」と「視点なし命題」、「認識視点」の定義、認識視点ごとの知識の違いについて論じる。そのうえで、これらの概念と言語表現との相関について議論する。具体的には、日本語で「発話時・話し手」以外の認識視点の知識について述べる場合に、認識視点を転換する言語表現が必要になることを示す。また、理由文の前件に視点付き命題と視点なし命題のどちらが現れるかによって、理由文の解釈が異なることについても議論する。さらに、理由文の統語構造と意味論について分析を与える。第3章では、第2章での基本的な概念と理由文の分析をもとに、カラ・ノデ理由文における時制形式の分布と解釈について論じ、認識視点が時制解釈の基準時となりうると想定することで、先行研究で例外的な時制形式のパターンとされていた2種類の例が説明できることを示す。扱う例の代表は(5a), (5b)である。

(5) a. 先生が怒る {から／ので}、学生たちは静かにした。
　　b. 健は昨日山ほど食べるから、お腹が痛くなるんだ。

第3章で分析の概要を示した後で、第4章で(5a)とその類似例について、第5章で(5b)とその類似例についてより詳細に議論する。第6章では、本書をまとめ、今後の研究への展望を述べる。

第2章

視点付き命題と理由文

2.1 はじめに

　本章では、本書が用いる基本的な概念と、それを反映した分析の枠組みを提示する。

　最初に 2.2 節で提示するのは、視点付き命題と視点なし命題という概念である。第1章で論じたとおり、この概念はわたしたちの知識の中で、世界に存在する事物そのものに関わるような知識と、認識主体が持つ知識に関わるような知識を分けた場合に、それぞれに対応するような命題である。この2種類の命題を定義したうえで、2.3 節では、どのような言語表現が視点付き命題に対応する意味を持っているかについて論じる。言語の形式の中には、その意味的性質のために視点なし命題ではなく常に視点付き命題を表す表現がある。本章で取り上げる具体的表現は、(A) 感情・感覚述語、(B) 個人的な好みを表す述語、(C) 認識モーダル表現、の3つである。

　これらの表現を用いて、次に発話文脈と認識視点の関係について考察する。視点付き命題は知識を表す命題であるので、解釈する際には認識視点を決定する必要がある。つまり「いつの・誰の」知識であるかを決めなければ解釈できない。しかし、認識視点となる主体・時を表す明示的な言語表現がない

ときも多い。このようなときに、認識視点はどのように決定されるのだろうか。2.4 節ではまず、日本語の文の解釈に際して、通常認識視点として選ばれるのは「発話時・話し手」であることを示す。さらに、「発話時・話し手」以外の認識視点が選ばれるときには、そのことを明示し、認識視点を転換するような言語表現が必要になることを示す。そのような表現の例として、2.4 節ではノダを取り上げる。

　本章の後半、2.5 節以降では、日本語の理由文に対する分析を行う。注目するのは、理由文の用法と視点付き命題／視点なし命題という概念の関係である。また、(1a) と (1b) が表す因果関係の種類の違いも問題とする。(1a) は出来事の間の物理的な因果関係であるのに対し、(1b) は出来事の認識が動機となって行動を起こすという、認識が介在するタイプの因果関係である。

(1)　a.　ボールがぶつかった ｛から／ので｝、窓ガラスが割れた。
　　 b.　マリが遊びに来た ｛から／ので｝、健は料理を作った。

本書ではこれら 2 種類の因果関係を区別し、(1a) を非意志的因果関係用法、(1b) を意志的因果関係用法と呼ぶ。2.5 節では、非意志的因果関係用法の原因節には視点なし命題が現れ、意志的因果関係用法の原因節には視点付き命題が現れることを示す。この議論に基づいて、2.6 節で理由文の各用法の統語構造を分析し、2.7 節では意味論的分析を行う。構造分析に際しては、視点なし命題、視点付き命題それぞれに、TP と Sentience Phrase (SenP) (Speas & Tenny 2003, Tenny 2006) という別々の統語レベルが対応するという想定をおく。

2.2　視点付き命題と視点なし命題

　本節では命題の中に視点付き命題と視点なし命題という 2 種類の分類を立てる。視点付き命題は認識、知識や信念など、認識主体によって表象された心的状態について述べた命題であるのに対し、視点なし命題は認識主体の心

的状態に関係しない、いわば「世界そのもの」について述べた命題である[1]。

例えば、'オーストラリアの首都はキャンベラだ'という命題はそのままなら世界自体のあり方について述べている視点なし命題である。しかし、(2)の文が言及している情報について考えるとどうか。

(2) 健はオーストラリアの首都がキャンベラだと知っている。

(2)という文は、その意味論的構成に基づいて少なくとも(3)の2つの命題に言及する。

(3) a. オーストラリアの首都はキャンベラだ
    b. 健はオーストラリアの首都がキャンベラだと知っている

これら2つの命題のうち、(3b)は世界そのものではなく、健の知識に関わる事柄について述べたものである。このような命題を本書では視点付き命題と呼ぶ。

本書では2種類の命題について異なる意味論的定義を与える。まず視点なし命題の定義を行う。命題の意味論的な定義には様々な立場があるが、本書

---

[1] Sperber & Wilson (1995)では発話の命題形式が世界の事態（state of affairs）を表象しているときを *description*、事態ではなく他の表象（例えば誰かの思考など）の表象になっているときを *interpretation* と呼んでいる。以下の引用および Sperber & Wilson (1995: p. 232, fig. 3)を参照。これは本書での視点なし命題と視点付き命題の区別と類似する区別である。

(i) Any representation with a propositional form, and in particular any utterance, can be used to represent things in two ways. It can represent some state of affairs; in this case we will say that the representation is a *description*, or that it is used *descriptively*. Or it can represent some other representation which also has a propositional form— a thought, for instance— in virtue of a resemblance between the two propositional forms; in this case we will say that the first representation is an *interpretation* of the second one, or that it is used *interpretively*.

（Sperber & Wilson 1995: pp. 228–229）

では一般的な内包意味論に基づく定義として、視点なし命題を可能世界と時間の対から真理値への関数とする。

いっぽう、視点付き命題はどのように定義されるだろうか。以下の議論のため、ここで知識・信念と視点付き命題についての定義および表記法を導入してゆく。本書ではある認識主体の持つ知識状態を命題の集合によって表現する（表2.1）。

表2.1 「知識」および「知識状態」

直観的用語	モデルでの対応物
知識	命題
知識状態	命題の集合

ある認識主体 a の知識状態を命題の集合 K_a によって捉えることにしよう。認識主体 a の知識状態において知識 ϕ を持つことを集合論の表記を用いて $K_a \ni \phi$ と表す。すると、(3b)の命題は(4)のように表記される。

(4) $K_k \ni$ **オーストラリアの首都はキャンベラだ** （ただし k = 健）

単純に言えば、ある命題 x が、何らかの認識主体の知識状態を表す K_a を用いて $K_a \ni x$ と表現されるとき、当該命題は視点付き命題であるとまとめられる。他の例も見てみよう。(5a)の文が言及する命題の中には少なくとも(5b)の2つの視点付き命題が含まれる。

(5) a. 向井さんは良太郎はもう帰ったと思っているが、尾形さんは良太郎がまだいると思っている。
　　b. $K_m \ni$ **良太郎はもう帰った**
　　　 $K_o \ni$ **良太郎はまだいる** 　　（ただし m = 向井さん、o = 尾形さん）

次に(6)の文について考えると、個体（認識主体）による違いだけではなく、

同じ個体でも時間に応じて視点付き命題の真偽が変わりうることが分かる。

(6) マリは子どもの頃、サンタクロースがいると思っていた。

(6) の文が発話された場合、'子どもの頃のマリはサンタクロースがいると思っていた'という内容を主張するとともに、'今のマリはサンタクロースがいると思っていない'という会話の含意（implicature）を持っている。つまり、同じ'マリ'という個体の信念に関しても時間ごとに違いがある。

このような時間による知識状態の違いも表現するために、ここで「認識視点」という概念を定義する。認識視点は、認識主体となる個体と時間という2つの要素によって(7)のように定義される。

(7) 定義：認識視点
認識視点は、認識主体 EA と時点 t の順序対 $\langle EA, t \rangle$ である。

この定義と上の知識および知識状態に関する表記法を組み合わせて、ある人のある時点における知識状態を認識視点を用いて(8)のように表記しよう。

(8) 認識主体 EA が時点 t において知っている命題の集合： $= K_{\langle EA, t \rangle}$

EA と t が与えられれば、$K_{\langle EA, t \rangle}$ という集合は唯一に決まると考えられる。これは、(A) 誰の知識について問題にしているか、および、(B) いつの知識を問題にしているか、が決まれば、知識状態が1つに決められるという直観に対応している[2]。

---

[2] 実際には、反事実的状況における知識のあり方まで考慮に入れれば、知識状態を1つに決定するためには可能世界、認識主体、時間という3つのパラメータを決定する必要がある。反事実的状況における「現在」の知識状態が現実世界における現在の知識状態と異なるのは、例えば次の文で言及されるような状況においてである。

(ii) あの会社の危機管理体制はなっていない。もしあの事故がこの会社で起きたものであれば、社長は今ごろ既に事故についての詳細な情報を知っているだろうに。

この表記法を用いて(6)の主張および会話の含意に対応する視点付き命題を書くと(9)のようになる。

(9) a. 主張：$K_{\langle m, t_1 \rangle} \ni$ サンタクロースがいる
    b. 会話の含意：$K_{\langle m, ut \rangle} \not\ni$ サンタクロースがいる
        （ただし m ＝マリ，t_1 ＝マリが子どもの頃の時点，ut ＝発話時）

視点なし命題は、可能世界と時間が与えられれば真理値を決定することができた。しかし視点付き命題は、どの認識視点における知識・信念を問題としているかも決まらなければ、真理値を決めることができない。本書では、上述の知識状態の集合論的定義を用いて、視点付き命題を、何らかの認識視点における知識状態 $K_{\langle EA, t \rangle}$ と、視点なし命題あるいは他の視点付き命題との帰属関係を表す命題であると定義する。それに対して、視点なし命題はそのような知識状態と命題との帰属関係に言及しない命題である。この定義により、視点付き命題が解釈に際して意味論的に認識視点を要求するということが明示化できる。

2.3 視点付き命題に言及する言語表現

前節では視点付き命題に言及する代表的な表現として、「～と思う」などの態度動詞を含む文を取り上げた。しかし、言語が視点付き命題に言及するのは態度動詞が関わるときだけではない。他にも、意味的な特徴によって常に視点付き命題を表す表現が存在する。本節では、視点付き命題に言及する表現、つまり、常に何らかの認識視点における知識と関係する表現について、Tenny (2006), Hara (2006, 2008), Stephenson (2007a, 2007b) らの議論に基づいてまとめる。本節で扱うのは、(10)の3種類の表現である。

ただし、本書では理由表現を研究対象としており、言及される事態は現実の事態に限られるため、可能世界に相対的な知識状態の違いを分析の枠組みに取り込むことはしない。条件表現の分析などで必要になった場合には、可能世界をパラメータに組み込む形で本書の分析を拡張することができる。

2.3 視点付き命題に言及する言語表現

(10) a. 感情・感覚の述語を含む文
    わたしは<u>頭が痛い</u>。
 b. 個人的な好みを表す述語を含む文
    <u>納豆はおいしい</u>。
 c. 認識モーダル表現を含む文
    雨が降る<u>かもしれない</u>。

以下でそれぞれの表現について見てゆく。

2.3.1 感情・感覚の述語

　感情や感覚を表す述語を含む文は意味的に認識主体による知覚について述べているため、常に視点付き命題に言及すると考えられる。感情や感覚に関する命題は、典型的には、当該の認識主体の自覚がない状態で真になることがないためである[3]。つまり、(11a), (11b) の文は意味論的に (11c) の視点付き命題を表し、(11d) のような視点なし命題を意味することはできない。(12) についても同様である（$spkr$ は話し手、ut は発話時を表す）。

(11) a. I'm sad.
 b. わたしは<u>悲しい</u>。
 c. $K_{\langle spkr, ut \rangle} \ni \mathbf{sad}(spkr)$ at ut
 d. *$\mathbf{sad}(spkr)$ at ut

(12) a. I want to go to Tokyo.
 b. わたしは<u>東京へ行きたい</u>。
 c. $K_{\langle spkr, ut \rangle} \ni \mathbf{want}(\mathbf{go\text{-}to\text{-}Tokyo})(spkr)$ at ut
 d. *$\mathbf{want}(\mathbf{go\text{-}to\text{-}Tokyo})(spkr)$ at ut

---

[3] 周縁的なケースとしては、認識主体の自覚がないが、実際には感情や感覚を持っていることも考えうる。例えば、回想した際に、以前の自分の感情や感覚に気付く場合などである。しかし、このようなケースは周縁的であるため、言語で表現されるときは、認識主体が自覚を持っている場合とは異なる扱いを受ける。具体的には、2.4.1 節で論じる感情・感覚述語の人称制限について、認識主体の自覚の有無によって異なる現象が見られる。

つまり、ある認識主体 x が時点 t において感情・感覚述語の経験者となる場合、自分がその感情・感覚を持っているということが必ず自覚され、認識されているということである。x が「悲しい」状態にあるとき、x は自分が悲しいことを知っており(13a)、x が「東京へ行きたい」状態にあるとき、x は自身の欲求について知っている(13b)ことになる。一般的に感情・感覚述語を P_{emo} と書くと、感情・感覚述語は常に(14)のような視点付き命題を意味すると言える。

(13)　a.　⟦悲しい⟧ $= \lambda \langle x, t \rangle.[K_{\langle x,t \rangle} \ni \mathbf{sad}(x) \text{ at } t]$
　　　b.　⟦東京へ行きたい⟧ $= \lambda \langle x, t \rangle.[K_{\langle x,t \rangle} \ni \mathbf{want(go\text{-}to\text{-}Tokyo)}(x) \text{ at } t]$
(14)　⟦P_{emo}⟧ $= \lambda \langle x, t \rangle.[K_{\langle x,t \rangle} \ni P_{emo}(x) \text{ at } t]$

つまり、感情・感覚述語を含む文（節）は意味論的に認識視点を要求し、その認識視点における知識に関する情報を表すことになる。表記の便宜上、以降ではある節が認識視点 $\langle EA, t \rangle$ における知識として解釈されることを(15)のように認識視点を下付き文字として付すことで表す。

(15)　[x は P_{emo}]$_{\langle EA,t \rangle}$

2.3.2　個人的な好みを表す述語

(16), (17)のような個人的な好み（personal taste）を表す述語も視点付き命題に言及する表現であると考えられる。

(16)　a.　Roller coasters are fun.　　　　（Lasersohn 2005: p. 643,(1)）
　　　b.　This chili is tasty.　　　　　　（Lasersohn 2005: p. 643,(2)）
(17)　a.　納豆はおいしい。
　　　b.　このスープはひどい味がする。
　　　c.　ジェットコースターは楽しい。

感情・感覚述語のように主語に経験者が現れるわけではないが、これらの述語は個人の内的な状態や経験に基づく判断を表すという意味的特徴を持つために、常に何らかの認識主体の知識・認識に言及すると考えられる。

　Lasersohn (2005, 2009), Stephenson (2007a, 2007b)はこのような特徴を、個人的な好みを表す述語が意味論的に**判断主**（*judge*）を要求すると分析することによって捉えている。個人的な好みを表す述語は、英語ならばforやto、日本語では「～にとって」のような修飾句を用いて、誰の好みについて語っているかを明示することができるが、そのような修飾句が言語化されていない場合でも、意味論的に判断主が要求されており、判断主が決まらなければ文の意味が決まらないと分析するのである。

(18) 　$[\![tasty]\!]^{c;w,t,j} = [\lambda x_e.[\lambda y_e.\ y\ \text{tastes good to}\ x\ \text{in}\ w\ \text{at}\ t]\ ]$
　　　$[\![fun]\!]^{c;w,t,j} = [\lambda x_e.[\lambda y_e.\ y\ \text{is fun for}\ x\ \text{in}\ w\ \text{at}\ t]\ ]$

（Stephenson 2007a: p. 499, (38)に基づく）

(18)の意味論は、判断主に相対して述語の真偽が決まるということを捉えたものである。

　本書ではこれらの先行研究の分析をふまえつつ、好みを表す述語の分析を(19)のように、判断能力を持つ個体（＝本書での「認識主体」）と時点の組み合わせである認識視点で捉える。これは、前節での感情・感覚述語の分析に着想を得たものである。ある人にとっての自分の感情や感覚が、その人自身の自覚を要求するのと同じく、個人的な好みを表す述語についても、判断主が自ら当該の述語が（自分にとって）真であるか否かを自覚することが要求される。

(19) a. 　$[\![$ 納豆はおいしい $]\!] = K_{\langle EA,t \rangle} \ni$ **納豆はおいしい**
　　b. 　$[\![$ ジェットコースターは楽しい $]\!]$
　　　　$= K_{\langle EA,t \rangle} \ni$ **ジェットコースターは楽しい**
　　c. 　$[\![...P_{taste}]\!] = K_{\langle EA,t \rangle} \ni \lambda \langle EA, t \rangle.P_{taste}(...)$

前節の(15)と同じ表記を用いると、好みを表す述語を含む節が認識視点 $\langle EA, t \rangle$ に関するものとして解釈されることを(20)のように書く。

(20)　　[... P_{taste}]$_{\langle EA,t \rangle}$

このように分析することで、感情・感覚述語との類似性を捉えることができる。

2.3.3　認識モーダル表現

　認識モーダル表現（カモシレナイ、ニチガイナイなど）は、世界に存在する事物・事態だけに言及するのではなく、可能性や必然性、推論など認識主体による判断にも関わる。そのため、これらの表現を含む文は意味論的に視点付き命題に言及する[4]。

(21)　認識モーダル表現
　　a.　雨が降るかもしれない。
　　b.　雨が降るに違いない。

日本語のカモシレナイとニチガイナイがそれぞれ、様相論理における認識的可能性演算子 $\Diamond_{epist}$、認識的必然性演算子 $\Box_{epist}$ に対応するとする。一般的に、$\Diamond_{epist}P$ は知識状態と矛盾しない多様な可能性の中で、世界の自然なあり方などに充分合致するものについて、それらの1つでも命題 P が真となるような可能性が存在していることを表すとされる。また $\Box_{epist}P$ は知識状態と矛盾せず、世界の自然なあり方に充分合うような多様な可能性のすべてで命題 P が真になっていることを意味すると分析される。

---

[4]　本書で議論の対象とするのは、カモシレナイやニチガイナイなどのいわゆる疑似／虚性モダリティであり、真正／真性モダリティのダロウやマイは含まない。ダロウ・マイは文の階層構造においてカモシレナイ・ニチガイナイよりも高い位置にあると考えられるためである（野田 1989, 仁田 1991, 益岡 1991）。ダロウの分析については Hara (2006: 5章) も参照。

本書の分析では、認識視点 $\langle EA, t\rangle$ における知識状態を命題の集合 $K_{\langle EA,t\rangle}$ で表している。また命題は、一般的な内包意味論に従い、「その命題が真となるような世界と時間のペアの集合」として定義した (2.2節(7)を参照)。つまり、知識状態 $K_{\langle EA,t\rangle}$ は「世界と時間のペアの集合 (＝命題) の集合」となる。集合 $K_{\langle EA,t\rangle}$ の要素である「世界と時間のペアの集合」すべての共通部分 $\bigcap K_{\langle EA,t\rangle}$ をとると、結果として得られるのは、「$K_{\langle EA,t\rangle}$ の要素となっている命題がすべて真となるような世界 – 時間のペア」の集合である。よって、カモシレナイおよびニチガイナイの意味論はそれぞれ (22) のようになる。

(22)　a.　$[\![P\text{かもしれない}]\!] = \lambda\langle EA, t\rangle.\exists\langle w, t'\rangle \in \bigcap K_{\langle EA,t\rangle}.P(w)(t')$
　　　b.　$[\![P\text{に違いない}]\!] = \lambda\langle EA, t\rangle.\forall\langle w, t'\rangle \in \bigcap K_{\langle EA,t\rangle}.P(w)(t')$

このように認識モーダル表現も、意味論的に認識視点を要求し、視点付き命題に言及すると考えられる。

2.4　視点付き命題と認識視点の転換

　前節で視点付き命題に言及する言語表現の例として (A) 感情・感覚述語、(B) 個人的な好みを表す述語、(C) 認識モーダル表現を挙げた。これらの言語表現はその意味論的特徴上、認識視点を要求する。本節では、この認識視点がどのように決定されるかを論じ、日本語における視点付き命題の認識視点の決定に関しては、(23) と (24) を用いて一般化が可能であると主張する[5]。

(23)　認識視点の決定に関する一般化：
　　　a.　非埋め込み環境において、視点付き命題の認識視点は話し手・発話時点として解釈されなければならない。
　　　b.　埋め込み環境においては、視点付き命題の認識視点を話し手・発話時点以外の認識主体・認識の時点として解釈してもよい。

(24)　**(23)** の補足：埋め込み環境とは以下のような環境である。

---

[5]　疑問文については制約を一部変更する必要がある。2.4.3節で述べる。

a. ノダが後接された節
b. 証拠性表現のヨウダ・ラシイ・ソウダが後接された節
c. 理由を表すカラ・ノデ節の内部（→ 2.5 節）

以降で、視点付き命題に言及する言語表現が非埋め込み環境に現れた場合と、埋め込み環境に現れた場合の解釈を観察し、(23)の一般化を論証する。

2.4.1 発話文脈と認識視点

まず、感情・感覚述語の解釈における認識視点の決定について検討しよう。認識視点の転換が文の容認度に明確に影響を与えるのは、感情・感覚述語の場合である。

日本語の感情・感覚述語を用いた文において、感情の持ち主に人称制限があることは広く知られている[6]（Kuno 1973, Kuroda 1973, Aoki 1986, 金水 1991, 益岡・田窪 1992, 益岡 1997）。通常の対話文体[7]では、感情・感覚の主体は、平

---

[6] 益岡（1997）によれば、人称制限を持つ表現には感情(iiia)、感覚(iiib)を表す形容詞、願望・欲求を表す述語（「ほしい」「述語の連用形＋たい」「〜てほしい」など）(iiic)、感覚(iiid)、知覚(iiie)、認知(iiif)を表す動詞、思考動詞(iiig)、意志を表す「〜(よ)うと思う」(iiih) などがある。

(iii)　a.　＊花子は故郷のことがとてもなつかしい。
　　　b.　＊花子は頭が痛い。
　　　c.　＊花子は漫画が読みたい。
　　　d.　＊花子は背中がヒリヒリする。
　　　e.　＊花子にはその字がよく見えない。
　　　f.　＊花子にはその人の気持ちがよくわかる。
　　　g.　＊その考えは間違っていると花子は思う。
　　　h.　＊花子は将来、芸術家になろうと思う。

（益岡 1997: pp. 7–8, (30)–(37). 容認度は原文）

[7] このような文体は Kuroda (1973) では 'reportive style'、金水（1991）では「報告」、工藤（1995）では「はなしあい」と呼ばれている。終助詞ヨ・ネを付けると、reportive style であることが明示される。それに対して、小説中などの物語文体では人称制限が見られない。以下では、対話文体に見られる制限について論じる。対話文体であることを明確にするために終助詞ヨやネの付いた例を用いる。

叙文では1人称、疑問文では2人称の場合のみ容認可能である。それ以外の人称の場合には、断定形を用いることはできない[8]。

(25) a. *メアリーはさびしいよ。
　　 b. *メアリーは暑かったよ。

（Kuroda 1973: p. 384, (27), (29). 容認度は原文）

(26) a. 　わたしは別れが悲しいですよ。
　　 b. *あなたは別れが悲しいですよ。
　　 c. *健は別れが悲しいですよ。

(27) 　あなたは別れが悲しいですか？

このような人称制限に対して一般的な説明は、わたしたちは他者の感情や感覚についての知識を直接得ることができないというものである (Kuroda 1973, Tenny 2006)[9]。

　この人称制限と認識視点・発話文脈の関係をまとめよう。次の (29a), (29b) が文脈 c において発話されたことを、指標 c によって表す。発話文脈がどのような情報を含むかについては様々な可能性があるが、仮に、c が話し手 $spkr$、聞き手 adr、発話時 ut、発話場所 h の情報を含むとする。

(28) 　定義：**発話の文脈 c**
　　　　$c = \langle spkr, adr, ut, h \rangle$

---

[8] 感情・感覚述語がタ形で用いられると、人称制限が見られなくなるという指摘がある (寺村 1984)。しかし、金水 (1991) はタ形そのものが人称制限をなくすのではなく、「日本語の「語り」の文体が「た」を持つ形を標準とするために」(金水 1991: p. 124)、タ形を含む文が物語文体とみなされて人称制限がなくなるのだ、と論じている。対話文体であることが明らかな例では、感情・感覚述語がタ形で用いられたとしても、人称制限はなくならない。

[9] ただし益岡 (1997) はこのような認識論的な説明を批判し、人称制限はむしろ他者の私的領域に関わる情報を直接述べることについての制限だと述べている。本書では認識論的な説明に準じるが、益岡の分析に従う形で分析を修正することも可能である。

(29) a. 'x is sad.'^{c}
    b. x は悲しい。^{c}

認識視点を用いて表現すると、人称制限は(30)の制約としてまとめられる。

(30) **発話における制約1**：感情・感覚述語 P_{emo} を含む下の図式において、$EA = spkr$ である。
    $[x は P_{emo}]_{\langle EA,t \rangle}{}^{\langle spkr,adr,ut,h \rangle}$

視点付き命題に言及する感情・感覚述語以外の表現についても、認識視点と発話文脈の関係に同様の制約が見られる。まず、個人的な好みを表す述語について見る。個人的な好みを表す述語は、非埋め込み環境に現れると話し手の体験に基づいて判断された好みとして解釈される。

(31) 納豆はおいしい。^{c}
    a. **解釈1**：（話し手 = $spkr$ にとって）納豆はおいしい
    b. *__解釈2__：（健にとって）納豆はおいしい

これは、英語などの他言語においても同様である。いっぽう、好みの判断主を表す 'for x' や「x にとって／には」などの語句が明示的に表れる場合はどうか。英語においては、'for x' という表現を用いることで話し手以外の好みについて述べることが可能である。つまり、話し手自身はジェットコースターが楽しいと思わない場合でも、(32)のように述べることができる。

(32) The roller coaster is fun for Sam.

しかし、日本語では話し手以外の好みについて非埋め込み環境で述べようとすると、容認度が下がる[10]。

---

[10] 感情・感覚述語の場合と同じく、容認度が低下するのは対話文体で用いられた場合に限

(33)　a.？健にとって納豆はおいしいよ。
　　　b.？サムにはジェットコースターは楽しいよ。

好みの判断について言葉で伝達できないような認識主体、例えば動物などについて述べた例では、容認度の低下がはっきりする[11]。

(34)　（文脈：話し手と聞き手はミケという猫を飼っている。話し手は先週新しいキャットフードを買ってきた。ミケは自分が気に入ったエサしか食べないが、新しいキャットフードを毎日すごい勢いで食べている。）
　　　??このキャットフードはおいしいね。

このような容認度の低下も、感情・感覚述語の場合と同じく認識視点と発話文脈の関係に制約があると想定すれば説明可能である。

られ、物語文体では話し手以外の好みについて述べることが可能である。本書では対話文体であることを明確にするために、終助詞ヨやネを付与した例を用いる。

[11]　ただし、次のような文脈では容認される。
　1つは、話し手がキャットフードの開発者で成分について熟知しているような場合である。このとき、話し手自身は好みを判断するための経験をしていなくても（＝キャットフードを自ら食べていなくても）(iv)のように発話することができる。
　　(iv)　このキャットフードはおいしいですよ！
これは、キャットフードの成分、猫の好む味付けなどの間接的な証拠に基づいて、確信度の高い推論の結果を述べたものであり、「おいしいはずだ」と言い換え可能である。
　もう1つは、判断を表現できない主体に変わって、話し手がある種の代弁者となって発話を行う場合である。
　　(v)　ねー、ミケちゃん、このキャットフードおいしいねぇ。
(v)が容認される場合には、好みの判断主に対して話し手が強く感情移入しているという印象を与える。

(35) **発話における制約2**：個人的な好みを表す述語 P_{taste} を含む下の図式において、$EA = spkr$ である。
$[... P_{taste}]_{\langle EA,t \rangle}$ $^{\langle spkr,adr,ut,h \rangle}$

(30)と(35)の制約を、視点付き命題の解釈における認識視点の決定と発話の文脈の間の一般的制約としてまとめると(36)のようになる。

(36) **発話における制約**：視点付き命題に言及する表現 P_{pers} を含む下の図式において、$EA = spkr$ である。
$[... P_{pers}]_{\langle EA,t \rangle}$ $^{\langle spkr,adr,ut,h \rangle}$

　認識モーダル表現を含む発話の解釈についても(36)の制約でまとめることができる。認識モーダル表現を含む発話の内容は、話し手の知識に基づいた可能性や必然性などによって解釈されなければならない。そのため、話し手の知識からは結論できない内容をもつ際には容認不可能となる。例えば、(37)の発話を解釈2として理解することはできない。

(37) 雨が降るかもしれない。[c]
  a. 解釈1：（$spkr$ の知識に基づき）雨が降る可能性がある。
  b. *解釈2：（$spkr$ 以外の誰かの知識に基づき）雨が降る可能性がある。

　(38)も同じポイントを示す例である。(38)の状況では、刑事は自分の持っている情報や捜査で培った推理方法を用いて「ガードマンが宝石を盗んだに違いない」という結論を導くことができるのに対して、友人はこの結論を導ける知識状態にない。そのため、友人の発話は不自然なものになる。

(38) （文脈：時効になった事件について、当時捜査を担当した刑事に友人が話を聞いている。友人は問題の事件についてほとんど何も知らない。）
　　刑事：　ガードマンの言動がな…あいつが宝石を盗んだに違いないよ。

友人：？ガードマンが盗んだに違いないね。

このように日本語においては、視点付き命題に言及する表現 P_{pers} を対話文体で発話する際には、P_{pers} を解釈する際に用いられる認識視点が、発話の文脈における話し手・発話時のものと一致しなければならないという制約がある。

2.4.2 認識視点を転換する言語表現

前節で整理したとおり、視点付き命題に言及する表現を含む文が発話されるときには通常、話し手・発話時の視点に基づいて解釈される。しかし、視点付き命題が常に話し手・発話時の知識に基づいて解釈されなければならないわけではなく、埋め込み環境では、認識視点を話し手・発話時以外として解釈することができる。ここでは、(A) ノダが付与された場合と (B) 証拠性表現のヨウダ・ラシイ・ソウダが付与された場合について検討する。本書で扱う埋め込み環境としてはもう1つ (C) 理由を表すカラ・ノデ節があるが、これについては次の2.5節でくわしく論じる。

まず、感情・感覚述語の人称制限に関わる例を挙げる。Tenny (2006) が論じるように、(39)のような例で人称制限が見られなくなることは、解釈において感情・感覚述語の経験者が発話文脈における話し手から他の主体に転換されると想定することで説明可能である。

(39) a. あなたは別れが悲しいんですよ。
 b. 健は別れが悲しいんですよ。
 c. あなたは別れが悲しいようだね。
 d. 健は別れが悲しいようだね。

(39)のような例でも、発話全体としては発話者・発話時点の知識について言及したものと解釈される。しかし、ノダやヨウダを付与された埋め込み環境の内部では、感情・感覚述語の認識視点を発話者・発話時点以外として理解することが可能になる。これにより、主語の人称制限が見られなくなることが

説明できる。代表として(39a), (39b)が解釈される際の認識視点を図式を用いて書けば、(40b), (41b)のようになる。

(40) a. あなたは別れが悲しいんですよ。^{c} $c = \langle spkr, adr, ut, h \rangle$
　　 b. [[あなたは別れが悲しい]$_{\langle adr, ut \rangle}$ んですよ]$_{\langle spkr, ut \rangle}$

(41) a. 健は別れが悲しいんですよ。^{c} $c = \langle spkr, adr, ut, h \rangle$
　　 b. [[健は別れが悲しい]$_{\langle k, ut \rangle}$ んですよ]$_{\langle spkr, ut \rangle}$　　　(k = 健)

　感情・感覚述語以外の視点付き命題に言及する表現についても、同様に埋め込み環境において認識視点を話し手・発話時以外として解釈することができる。まず、個人的な好みを表す述語の例である。

(42) a. ? 健にとって納豆はおいしいよ。
　　 b. 健にとって納豆はおいしいんだよ。
　　 c. 健にとって納豆はおいしいみたいだよ。

(43) (文脈：話し手と聞き手はミケという猫を飼っている。話し手は先週新しいキャットフードを買ってきた。ミケは自分が気に入ったエサしか食べないが、新しいキャットフードを毎日すごい勢いで食べている。)
　　 a. ? このキャットフードはおいしいね。
　　 b. このキャットフードはおいしいんだね。
　　 c. このキャットフードはおいしいようだね。

　認識モーダル表現の場合、既に話し手が持っている知識と矛盾しないが、話し手の知識からは導けないような内容であれば、埋め込み環境で使用可能になる。

(44) (文脈：時効になった事件について、当時捜査を担当した刑事に友人が話を聞いている。友人は問題の事件についてほとんど何も知らない。)
　　 刑事：ガードマンの言動がな…あいつが宝石を盗んだに違いないよ。

友人：
a.？ガードマンが盗んだに違いないね。
b.　ガードマンが盗んだに違いないんだね。

友人が(44)の会話の後、刑事がガードマンを疑う根拠についてあまり聞かされずに帰ってきたとすれば、やはり友人の知識から直接「ガードマンが犯人である」ことが必然だと推論できないので、(45a)は不自然である。

(45) （文脈：(44)の会話後、帰宅して夕食の席で妻に）
友人：
a.？ガードマンが盗んだに違いない。
b.　ガードマンが盗んだに違いないらしい。

このように、ノダが付与された場合や、証拠性表現が付与された場合には、視点付き命題の解釈に話し手・発話時以外の視点を選ぶことが可能である。

2.4.3　疑問文における認識視点の制約：補足

　本節では疑問文における認識視点の決定について、先行研究の見解を整理する。先行研究では視点付き命題に対応する表現の解釈に際して、認識主体がどう決定されるかについて2種類の分析がある。

　1つの立場はTenny (2006)の分析である。Tenny (2006)に従えば、感情・感覚述語の認識主体（Tennyの用語ではseat of knowledgeと呼ばれている）は平叙文では話し手のパラメータによって決定される。それに対して、疑問文では認識主体は聞き手のパラメータで決定され、非埋め込み環境ではそれ以外の人が認識主体にならない。

　いっぽうMcCready (2007)では、個人的な好みを表す述語および感情・感覚述語を疑問文で用いた場合、認識主体が聞き手として解釈されるだけでなく、話し手として解釈されることも可能だと論じている。McCready (2007)は(46)のシナリオで(47)を適切に使用可能だと主張している。

(46) Scenario: I am the prisoner of a mad scientist. The scientist has rewired my cortex so that I have no access to my own sensations: instead they are displayed in a readout on a computer terminal. The scientist is looking at the terminal and tells me to put on a coat. I ask her: [(47)].

(McCready 2007: p. 435,(6))

(47) watasi-wa samui desu ka?　　　(McCready 2007: p. 435,(5)より)
　　　（わたしは寒いですか？）

しかし、(46)の状況で(47)を用いると、実際には容認度の低下が起こる。同じ状況であれば、(48)を使うと考えられる。

(48)　わたしは寒いんですか？

このような容認度のデータを見ると、Tenny (2006)の分析のほうが適切と言える。すなわち、疑問文の中に視点付き命題に言及する表現がある場合、(ノダやヨウダが付かない限り) 視点付き命題は聞き手・発話時点という認識視点から解釈され、話し手を認識主体とすることはできない、と一般化できる。
　McCready (2007)では他に、個人的な好みを表す述語についてもシナリオ(49)と英語の例(50)が挙げられている。

(49) Scenario: I am the prisoner of a mad scientist. The scientist has rewired my cortex so that I have no access to my own sensations: instead they are displayed in a readout on a computer terminal. I am eating walnuts and stop; the scientist tells me I would keep on eating. I ask her: [(50)].

(McCready 2007: p. 434,(3))

(50)　Are walnuts tasty?　　　(McCready 2007: p. 434,(2)より)

それに対して日本語では、好みを表す述語についても非埋め込み環境で話し手自身の判断について聞くことはできない。

(51) a. ??このクルミはおいしいですか？
　　 b. 　このクルミはおいしいんですか？

これも、視点付き命題を解釈する際の認識視点が、疑問文かつ非埋め込み環境であれば聞き手・発話時点に限られるという一般化によって捉えることができる。

2.5　理由文の用法と認識視点

　ここまでで、日本語の視点付き命題に言及する表現が、非埋め込み環境では話し手・発話時を認識視点として解釈されるという制限があることを見た。いっぽう、ノダやヨウダ・ラシイを付与された埋め込み環境では、話し手・発話時以外の認識視点で解釈されうることを示した。本節では、ここまででまだ論じていないカラ・ノデ文について扱う。理由文には多くの用法があるが、視点付き命題と視点なし命題の分類に関係するのは、2.1 節でも述べた、次の (52a) と (52b) の違いである（例文 (1) を再掲）。

(52) a.　ボールがぶつかった {から／ので}、窓ガラスが割れた。
　　 b.　マリが遊びに来た {から／ので}、健は料理を作った。

(52) の 2 つの文はどちらも因果関係に言及しているが、(52a) で述べられている因果関係は出来事と出来事の間の物理的な関係であるのに対して、(52b) は出来事の発生を認識した主体（＝健）が、それを理由として行為（＝「料理を作る」）を起こすという、意志的 (volitional) な因果関係に言及している。

　本書は、(52a) のような非意志的因果関係を表す際のカラ・ノデの補部は視点なし命題に言及し、(52b) のような意志的因果関係を表すカラ・ノデの補部は視点付き命題に言及すると主張する。そのうえで、理由文の各用法について視点付き命題の認識視点がどのように決定されるかについて論じる。

2.5.1　カラ・ノデ文の用法

まず、カラ・ノデを用いた理由文の用法について、先行研究を概観しつつまとめる。その後で意志性による因果の分類について述べ、意志的因果と非意志的因果の区別に視点付き命題と視点なし命題の違いが関係することを主張する。

2.5.1.1　理由文の用法分類

従来の研究では、カラ・ノデを用いた理由文の用法について2つあるいは3つに分類されてきた。代表的な分類として Sweetser (1990)、前田 (1996, 2009) を見る。

Sweetser (1990) はモダリティ、接続詞、条件文の多義性について、同一の形式が内容 (content) レベル・認識 (epistemic) レベル・発話行為 (speech act) レベルという3つのドメインで解釈されるという理論を立てている。理由の接続詞についても、どのレベルで解釈されるかで (53) のような用法の違いが見られる。

(53) a.　内容レベル

　　　Since John wasn't there, we decided to leave a note for him.

　　　(His absence caused our decision in the real world.)

　　　　　　　　　　　　　　　　　　　　　(Sweetser 1990: p. 78, (3a))

　　b.　認識レベル

　　　Since John isn't here, he has (evidently) gone home.

　　　(The *knowledge* of his absence causes my *conclusion* that he has gone home.)　　　　　　　　　　　　　　(Sweetser 1990: p. 78, (3b))

　　c.　発話行為レベル

　　　Since { we're on the subject, / you're so smart, } when was George Washington born?

　　　(I *ask* you because we're on the subject, or because you're so smart

— the fact that we're on the subject, for example, enables my *act* of asking the question.) （Sweetser 1990: p. 78,(3c)）

3つのレベルを日本語の例に置き換えると、内容レベルと認識レベルについては並行する例が得られるが、発話行為レベルの文(53c)については日本語に置き換えることが難しい（姫野 1995: p. 138）。

(54) a. ジョンがそこにいなかったから、メモを残しておくことにした。
b. ジョンはここにいないから、もう家に帰ったんだ。
c. ＊あなた賢いから、ワシントンが生まれたのはいつですか？

日本語では、(55b)のように明示的に「教えてほしいんですが」「聞きたいんですが」のような語句が要求される。（姫野 1995: p. 138）。

(55) a. ＊あなた賢いから、〜か？
b. あなた賢いから、教えてほしいんですが、〜か？

カラ・ノデ文に発話行為レベルの用法を認めるかどうかは研究者により立場の違いがあるが、(56)の用法を発話行為レベルの用法とする先行研究もある。

(56) うるさいから静かにしなさい。 （Uno 2009: p. 11,(26)）

いっぽう、前田 (1996, 2009)は日本語学における研究成果をふまえて、日本語の条件文・理由文・譲歩文などに対する詳細な記述的研究を行っている。カラ・ノデ文の用法については言語学研究会・構文論グループ (1985), 田窪 (1987), 南 (1993), 上林 (1994), 白川 (1995)などの研究に基づき「前件が後件（事態や行為）の原因・理由となる」用法と「前件が後件（判断）の根拠（論拠）になる」用法に分けている。それぞれの用法の例を(57), (58)に示す。

(57) 事態・行為の原因・理由となる用法
　　　a. 雨が降った<u>ので</u>、気温が低下した。　（前田 1996: p. 88，下線原文）
　　　b. 昨日は熱が出た<u>から</u>、仕事を休んだ。（前田 1996: p. 88，下線原文）
(58) 根拠を表す用法
　　　a. バスが定時にちゃんと来た<u>から</u>、道路は混んでいないんだ。
　　　b. 講義が終わってから1時間も経っている<u>から</u>、健はもう大学にいないだろう。

前田 (1996, 2009) は、後件が命令・依頼などの働きかけや、意志・希望などの表出表現の場合も、根拠を表す原因・理由文に含める[12]。(59) のような例である。

(59) a. 安静の邪魔になる<u>から</u>、煙草をやめてくれ。
　　　b. わたしはカトリックだ<u>から</u>、教会で式を挙げたい。

（前田 1996: p. 90，下線原文）

本書でもこの分類を採用し、カラ・ノデ文の用法を原因・理由を表す用法と根拠を表す用法に分ける。

2.5.1.2　因果関係と意志性

　本節では、原因・理由を表すカラ・ノデ文の用法について、因果関係に意志性 (volitionality) が関わるか否かで2つの用法に分けられることを論じる。

　前節でまとめたカラ・ノデ文の用法分類では、(57a) と (57b) の文は同一の用法とされていた。しかし、2つの文が表す因果関係には意志性に関して違いがある。議論を分かりやすくするため、原因節の表現をそろえた (60) を用いて意志性の違いについて検討する。

---

[12] これは益岡・田窪 (1992) の分類に従ったものである。ただし、益岡・田窪 (1992) はノデが原因・理由を表しカラが根拠を表すとしている点で、前田 (2006) とは異なる。

(60) a. 雨が降ったので、気温が低下した。
　　 b. 雨が降ったので、川遊びに行くのをやめた。

(60a)では「雨が降る」「気温が低下する」という2つの出来事の間に物理的法則に基づく因果関係があるのに対して、(60b)では「雨が降る」と「川遊びに行くのをやめる」という出来事の間には純粋に物理的な因果関係はなく、「雨が降った」という事実に対する主体の認識が存在し、その認識に基づいて「川遊びに行くのをやめる」という行為が引き起こされたという関係がある。もしも主体が「雨が降った」事実を認識しなければ、前件と後件の間の因果関係は成り立たない。2つの文が表す因果関係を図式的に示すと図2.1のようになる。つまり、(57b)が言及する因果関係には、主体の認識が本質的に関わる。この点に注目して、(57a)を**非意志的因果関係**、(57b)を**意志的因果関係**と呼ぶことにする。非意志的因果関係の場合は、後件が言及する出来事に事実を認識するような主体が存在しないのに対して、意志的因果関係は後件の出来事に認識主体が関わる。

図 2.1　(57a)と(57b)の因果関係

(57a)の因果連鎖（非意志的因果関係）

e_1：雨が降る　→　e_2：気温が下がる

(57b)の因果連鎖（意志的因果関係）

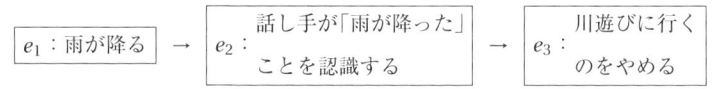

e_1：雨が降る　→　e_2：話し手が「雨が降った」ことを認識する　→　e_3：川遊びに行くのをやめる

ただし、ここで用いている非意志的因果／意志的因果という2つの用法の名前に関しては、誤解を生じる可能性があるため注意が必要である。意志的因果関係のカラ・ノデ文について、後件が言及するのは、必ずしも意図的（intentional）な行為とは限らない。(61)のように、認識主体が経験者となるような心的状態、あるいは感情から引き起こされる非意図的な出来事の場合もある。

(61) a. 子どもが上手に歌を歌うから、彩子は喜んだ。
　　 b. 子どもが上手に歌を歌うから、彩子は思わずほほえんだ。

また、後件の行為の主体・心的状態の経験者は人間とは限らず、事実を認識したり行動を決定したりする能力を持っているとみなされる個体であればよい。(62)はこのことを示す例である。

(62) 木イチゴの実がたくさんなったので、小鳥が食べに来たよ。

　日本語を対象とした先行研究では、非意志的因果関係と意志的因果関係の区別についてあまり注目されてこなかった[13]。これは、日本語では因果関係の意志性が理由表現の使い分けに影響しないためであろう。前節で述べた前田(1996)でも、「事態・行為の原因・理由」という形でひとまとめにされており、「事態の原因」(＝非意志的因果関係)と「行為の理由」(＝意志的因果関係)を区別していない。しかし、意志性による因果関係の区別は言語の分析に重要と考えられる。2つの根拠を述べよう。

　1つめの根拠は、因果関係の意志性に応じて理由表現を使い分ける言語が存在することである。代表的な例は、オランダ語における理由表現の使い分けである(Sæbø 1991, Degand 2000, Maat & Sanders 2001)[14]。オランダ語の理由表現 *omdat* は非意志／意志的因果関係のどちらにも言及することができるが、*doordat* は非意志的因果関係しか表すことができない(63)。

---

[13] 日本語を対象とした研究において非意志／意志的因果の区別を取り上げた研究には Uno (2009: 2章), Tamura et al. (2011), Hara et al. (to appear) がある。Uno (2009) は Maat & Degand (2001) に基づいて意志性と話者関与度（speaker involvement）の関係について議論している。また Tamura et al. (2011), Hara et al. (to appear) は「～ことが…を引き起こす」という構文に注目し、因果関係の意志性とコト節の構造が相関すると分析している。Tamura et al. (2011), Hara et al. (to appear) の分析については以下で再度言及する。

[14] Sanders et al. (2009) に採録されている論文も参照。

（63） a. Jantie stopte *omdat*/*doordat* zijn remmen zich vastgezet hadden.
 'Jantie stopped because his break has jammed'
（非意志的因果関係；原文ママ）
 b. Jantie stopte *omdat*/*doordat de stoplichten op rood stonden.
 'Jantie stopped because the traffic lights were red'
（意志的因果関係）
（Sæbø 1991: p. 625,（21））

意志性による使い分けは、オランダ語の前置詞にも見られる（表 2.2）[15]。

表 2.2　オランダ語の理由の接続詞・前置詞と意志性（Degand 2000 に基づく）

	主に意志的	主に非意志的
接続詞	*omdat*	*doordat*
前置詞	*wegens*	*door*
	vanwege	*als gevolg van*（'as a consequence of'）

---

[15] Degand（2000）は因果関係の意志性について次のように述べている。

（vi） There is actually a tendency in Dutch to distinguish causal realizations as being either cause-indicating [= non-volitional] or reason-giving [= volitional], a distinction which is akin to that between 'direct' and 'indirect' cause.
（Degand 2000: p. 693,［］内は筆者）

Degand（2000）のように因果関係の非意志性／意志性と直接／間接因果を関連付ける立場はしばしば見られる。しかし、少なくとも直接因果を「因果連鎖において原因の出来事と結果の出来事の間に別の出来事が介在しない」と定義する限りにおいては、意志性と直接性を同一視するのは誤りである。次の例（vii）は原因と結果の間に「事故が起きた」という別の出来事が介在しているので間接因果であるが、主体による認識は関係していないので非意志的因果である（Tamura et al. 2011: fn. 2 を参照）。

（vii）（文脈：ブレーキが故障したために自動車事故が発生し、ガソリンがもれてそこにたき火が引火したために火事が起こった。）
ブレーキが故障したから、火事が起きた。

Maat & Degand (2001)はオランダ語（*dus* と *daardoor*）だけでなく、英語の *so* と *as a result*, フランス語の *donc* と *de ce fait* の使い分けに関しても意志性が関係すると主張する。意志的因果関係を表す場合(64)は *donc, so, dus* が用いられるが、非意志的因果関係の場合は用いられない。

(64)　意志的因果関係
　　　a.　J'étais fatigué, donc / ？ de ce fait je suis parti.
　　　b.　I felt tired, so / *as a result I left.
　　　c.　Ik was moe, dus / *daardoor ik ging weg.

（Maat & Degand 2001: p. 213,（4））

(65)　非意志的因果関係
　　　a.　Il y a eu beaucoup de vent, #donc trois tuiles sont tombées du toit.
　　　b.　There was a strong wind, #so three tiles fell off the roof.
　　　c.　Er stond een harde wind, #dus er zijn drie pannen van het dak gevallen.

（Maat & Degand 2001: p. 213,（4'））

　ただし、上述のとおり日本語では因果関係の意志性と理由形式の使い分けが相関する場合は見られない。しかし細かく検討していくと、日本語でも意志性が言語に影響を与えることが分かる。それが、以下で述べるモーダルとの関係である。

　因果関係の意志性を重要な区分とみなすもう1つの根拠は、非意志的因果を表す場合と意志的因果を表す場合で、カラ・ノデ節内のモーダル要素の出現可能性が異なることである。因果関係を表す構文とモーダル要素の出現可能性については、Tamura et al. (2011), Hara et al. (to appear)が(66), (67)の例を挙げて論じている。

(66)　a.　アクセルペダルが故障したことが、事故を引き起こした。

（非意志的）

b. アクセルペダルが故障したことが、消費者のトヨタ離れを引き起こした。　　　　　　　　　　　　　　　　　　　（意志的）
(67) a. *アクセルペダルが故障したかもしれないことが、事故を引き起こした。　　　　　　　　　　　　　　　　　　　（非意志的）
　　 b. アクセルペダルが故障したかもしれないことが、消費者のトヨタ離れを引き起こした。　　　　　　　　　　　　　　（意志的）

非意志的因果関係を表す文では、原因を表すコト節内部にモーダル要素が現れえないのに対して、意志的因果関係の場合にはモーダル要素が現れうる。(68), (69)の例が示すとおり、カラ・ノデ節内部においても同様の分布が見られる[16]。

(68) a. アクセルペダルが故障した（*かもしれない）ので、事故が起こった。
　　 b. アクセルペダルが故障した（かもしれない）ので、健は車を路肩に停めた。
(69) a. 雨が降った｛*かもしれない／*かもしれなかった｝ので、気温が下がった。
　　 b. 雨が降った｛かもしれない／かもしれなかった｝ので、川遊びに行くのをやめた。

このようなモーダル要素の分布は、日本語においても因果関係の意志性が言語現象に反映することを示唆している。

　Tamura et al. (2011), Hara et al. (to appear)は、コト節に2種類の構造があると分析することによってモーダル要素の出現可能性を説明している。筆者

---

[16] (67b)に対応する内容をカラ・ノデを用いて表現すると、容認度が下がる (viii)。後件の行為者（＝前件で述べられている事実を認識する主体）が非特定的だと容認度が下がるようだが、詳細な要因については、本書では扱わない。

　(viii) *アクセルペダルが故障したかもしれないので、消費者のトヨタ離れが起こった。

はこの分析を拡張し、カラ・ノデ節の構造にも2種類の構造があると主張する。まず次節では、理由文の意志性と、カラ・ノデ節が視点付き命題であるか視点なし命題であるかが相関することを論じる。それに基づいて 2.6 節ではカラ・ノデ節の統語構造について論じる。

2.5.2　理由文の意志性と視点付き命題

　本節ではカラ・ノデ節の補部に現れる命題の意味タイプと意志性の相関について検討し、非意志的因果関係のカラ・ノデ節の補部は視点なし命題、意志的因果関係のカラ・ノデ節は視点付き命題をとることを論じる。2.3 節で意味論的に視点付き命題に対応する表現として (70) のような表現を挙げた。

(70)　a.　**感情・感覚の述語を含む文**
　　　　　わたしは頭が痛い。
　　　b.　**個人的な好みを表す述語を含む文**
　　　　　納豆はおいしい。
　　　c.　**認識モーダル表現を含む文**
　　　　　雨が降るかもしれない。　　　　　　　　　　　(＝(10))

視点付き命題に言及するこれらの表現は、意志的因果関係を表すカラ・ノデ節にしか現れえない。次の (71) から (73) の例はこのことを示している（例文の後ろの *視点なし命題および *視点付き命題は、カラ節の補部が視点なし命題や視点付き命題として解釈できないことを表す）。

(71)　**感情・感覚述語**
　　　a.　健は背が高いから、鴨居にぶつかった。　　　　（視点なし命題）
　　　b.#健は頭が痛いから、鴨居にぶつかった。　　　　（*視点付き命題）
　　　c.　健は背が低いから、試合に参加しなかった。
　　　　　　　　　　　　　　　　　　　　（*視点なし命題／^{ok}視点付き命題）
　　　d.　健は頭が痛いから、試合に参加しなかった。　（視点付き命題）

(72) 個人的な好みを表す述語
　　a. この納豆はビタミンEが豊富だから、健康に良い。（視点なし命題）
　　b. #この納豆はおいしいから、健康に良い。　　（*視点付き命題）
　　c. この納豆はビタミンEが豊富だから、毎日食べている。
　　　　　　　　　　　　　　　　　（*視点なし命題／^{ok}視点付き命題）
　　d. この納豆はおいしいから、毎日食べている。　（視点付き命題）

(73) 認識モーダル表現
　　a. 雨が降ったから、気温が下がった。　　　　　（視点なし命題）
　　b. #雨が降ったかもしれないから、気温が下がった。（*視点付き命題）
　　c. 雨が降ったから、レインシューズを履いて出かけた。
　　　　　　　　　　　　　　　　　（*視点なし命題／^{ok}視点付き命題）
　　d. 雨が降ったかもしれないから、レインシューズを履いて出かけた。
　　　　　　　　　　　　　　　　　　　　　　　（視点付き命題）

　視点付き命題に言及する表現がカラ・ノデ節に現れる場合、非意志的因果関係としては解釈できず意志的因果関係に言及する理由文としての解釈にしかならない。意志的因果関係として解釈しにくい因果関係を述べている場合（(71)–(73)のb）には、文が意味的に不自然になる。また、カラ・ノデ節に続く結果節が意図的行為や心的状態などについて述べている場合、カラ・ノデ節の補部が形のうえでは視点なし命題を表しうる場合でも、意味的には視点付き命題であるとして解釈されなければならない（(71)–(73)のc）。つまり、(71c)であれば「健が背が低い」という事実を**知っていること、認識していること**が原因となり、「試合に参加しない」という行為が結果としてもたらされた、と解釈されることになる。つまり、(71c)の「（健は）背が低い」は視点付き命題として解釈される[17]。

---

[17] 証拠性表現のラシイ・ヨウダ（ミタイダ）・ソウダが原因節に現れる場合も意志的因果関係として解釈しなければならない。

　　(ix) 証拠性表現
　　　　a. #雨が降ったそうなので、気温が下がった。

2.5.3 カラ・ノデ節における認識視点の決定

前節で意志的因果関係を表すカラ・ノデが視点付き命題をとることを示した。本節では、カラ・ノデ節の各用法について、解釈において認識視点がどのように決定されるかを検討する。そして、意志的因果のカラ・ノデ節に埋め込まれた環境では、視点付き命題の解釈に際して、認識視点を話し手・発話時点以外として解釈しうることを示す。

カラ・ノデが非意志的因果関係用法、意志的因果関係用法、根拠を表す用法[18]（＝根拠用法）で用いられている場合それぞれについて、視点付き命題に言及する表現をカラ・ノデ節で用いた場合の例は次のとおりである。ここでは、視点付き命題に言及する表現の代表として感情・感覚述語を用いる。(74)の各例ではカラ節の主語が「健」であるのに対して、(75)では話し手がカラ節の主語になっている。

(74) a. **非意志的因果関係用法**：
　　　＃健は頭が痛いから、鴨居にぶつかった。
　　b. **意志的因果関係用法**：
　　　健は頭が痛いから、試合に参加しなかった。
　　c. **根拠用法**：
　　　？健は頭が痛いから、試合のメンバーから外してください。

(75) a. **非意志的因果関係用法**：
　　　＃わたしは頭が痛いから、鴨居にぶつかった。
　　b. **根拠用法**：
　　　（わたしは）頭が痛いから、試合のメンバーから外してください。

非意志的因果関係を表すカラ・ノデはそもそも視点付き命題をとらないので、

---

　　　b.　校長先生が劇に行ったそうなので、僕も行った。　　（Hara 2008: p. 248, (50)）

[18] 2.5.1.1 節を参照。

原因節内部での認識視点の転換は起こらない。(74b)では原因節で人称制限が見られなくなっているため、原因節に現れる視点付き命題の認識視点は発話時・話し手ではなく、過去の時点（試合の時点）における健として解釈されていると考えられる。いっぽう、(74c)のように根拠用法のカラ・ノデ節内に感情・感覚表現が現れる場合には、人称制限が見られる。非意志的因果関係の場合とは異なり、根拠用法のカラ・ノデ節に視点付き命題が現れること自体は可能(75b)なので、(74c)の例における容認度の低下は人称制限によるものと考えるのが妥当であろう[19]。

このデータをふまえると、非意志的因果関係用法、意志的因果関係用法、根拠用法のそれぞれについて、認識視点がどのように決定されるかは(76)のように図式化できる。

(76) a. **非意志的因果関係用法**：
$[... カラ／ノデ_{nonvol} ...]_{\langle spkr,ut \rangle}{}^c$
b. **意志的因果関係用法**：
$[[...]_{\langle EA,t \rangle} カラ／ノデ_{vol} ...]_{\langle spkr,ut \rangle}{}^c$
c. **根拠用法**：
$[...]_{\langle spkr,ut \rangle} カラ／ノデ_{basis} [...]_{\langle spkr,ut \rangle}{}^c$

(76b)と(76c)の違いについて補足しておく。(76b)ではカラ・ノデ節と主節全体を解釈する際に基準となる1つの認識視点（(76b)の後ろの認識視点）が存在するのに対して、根拠用法ではそのような認識視点が存在しない。このような分析にする根拠は、田窪(2001)などで指摘されている(77a), (77b)の対比である。つまり、根拠用法（南1974, 田窪1987のC類従属節）の場合(77a)はカラ・ノデ節をノ（ダ）のスコープ内に含みえないのに対して、原因用法（南1974, 田窪1987のB類従属節）の場合(77b)はカラ・ノデ節をスコープ内に含むことができる。

---

[19] カラ・ノデ文の主節にダロウを付与すると根拠用法としての読みに制限される（田窪1987, 2001）。

(77) a. 道がぬれているから、[雨が降った]のだろう。
　　 b. [雨が降ったから、道がぬれている]のだろう。

2.4.2 節において論じたとおり、ノダの補部を解釈する際の認識視点は話し手・発話時点以外に転換されうる。よって、原因節と主節を含む全体を解釈する認識視点を想定することができる。

2.6　理由文の統語構造

　本節ではカラ・ノデ節の各用法と統語構造について論じる。まず 2.6.1 節で CP を発話行為に関係するレベル、主体ごとの知識に関係するレベルに分ける Speas & Tenny (2003), Tenny (2006) の分析をふまえて、視点付き命題に対応する統語レベル（Sentience P; SenP）を仮定し、理由文の 3 つの用法を別々の統語構造に対応付ける。その後で 2.6.2 節において、南 (1974, 1993), 田窪 (1987) を始めとする日本語の従属節の節レベルと、2.6.1 節で論じた理由文の各用法の構造がどのように対応付けられるかについて論じる。

2.6.1　認識投射

　語用論に関わる統語レベルをより詳細に、細かな統語レベルに分けて扱おうとする研究は Rizzi (1997), Cinque (1999) などの初期の研究を端緒として、近年盛んに行われている。日本語に対しても長谷川（編）(2007) に収録の論文などで議論されている。本書では Speas & Tenny (2003), Tenny (2006) の分析に従って、CP を発話行為に関する統語レベル、それぞれの主体ごとに異なる知識が関わるレベル（本書の分析で言えば、視点付き命題が関わるレベル）、視点なし命題が関わるレベルに分ける立場をとる。

　Speas & Tenny (2003), Tenny (2006) では従来の CP を (78), (79) に分けている。

(78) The Speech Act Projection:

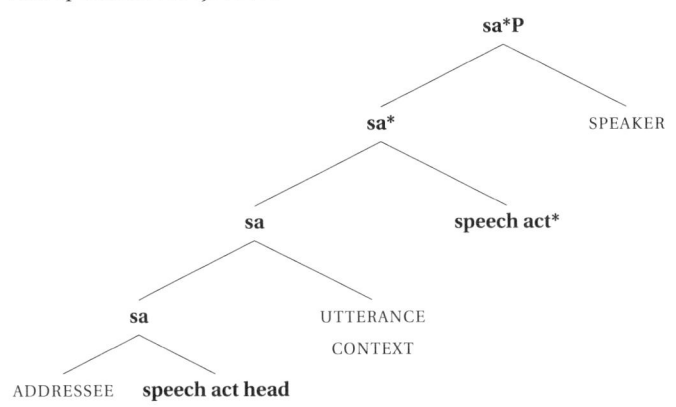

```
                    sa*P
                   /    \
                 sa*    SPEAKER
                /   \
              sa    speech act*
             /  \
           sa   UTTERANCE
          /  \   CONTEXT
   ADDRESSEE  speech act head
```

(79) The Sentience Projection:

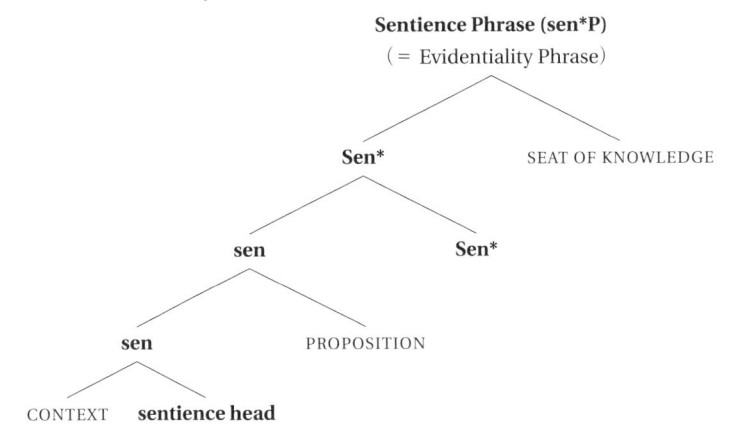

```
            Sentience Phrase (sen*P)
               ( = Evidentiality Phrase)
                /         \
              Sen*    SEAT OF KNOWLEDGE
             /    \
           sen    Sen*
          /   \
        sen   PROPOSITION
       /   \
  CONTEXT  sentience head
```

Speas & Tenny (2003), Tenny (2006)の分析をふまえ、本書ではより単純な(80)の構造を仮定する。

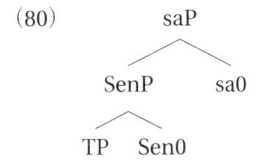

(80)
```
        saP
       /   \
     SenP   sa0
    /   \
   TP   Sen0
```

2.5節で論じたカラ・ノデ節の3つの用法は、それぞれカラ・ノデがどの節レベルをとるかの違いによると分析する。

(81) a. 非意志的因果：　　b. 意志的因果：　　c. 根拠：

```
        AdvP                AdvP                    AdvP
       /    \              /    \                  /    \
     TP   カラ/ノデ      SenP   カラ/ノデ         saP   カラ/ノデ
                        /   \                    /   \
                       TP   Sen⁰               SenP   sa⁰
                                              /    \
                                             TP    Sen⁰
```

2.6.2　日本語の節レベルとの関係

　本節では、南 (1974) や田窪 (1987) をはじめとする先行研究で進められてきた日本語の副詞節と節レベルの研究を概観し、前節で論じた文の統語構造との対応について検討する。

　南 (1974) は、日本語の副詞節に現れうる要素や、副詞節内に別の副詞節を埋め込めるか否かを根拠として、副詞節をA〜Dの4種類に分類した。田窪 (1987) は南の分類を統語構造および意味論的タイプに対応付けている。田窪 (1987) の分析によれば、各々の段階に現れうる要素は (82) のとおりである。また、それぞれの副詞節は (83) のような統語レベル、意味論レベルに対応する。

(82)　A類1　＝　様態・頻度の副詞＋動詞
　　　A類2　＝　頻度の副詞＋対象主格＋動詞（＋否定）
　　　B類　　＝　制限的修飾句＋動作主格＋A＋（否定）＋時制
　　　C類　　＝　非制限的修飾句＋主題＋B＋モーダル
　　　D類　　＝　呼掛け＋C＋終助詞　　　　　（田窪 1987: p. 38, (1), (1)'）

(83)　A類1　＝　動詞句　　　動作の命名
　　　A類2　＝　動詞句　　　過程・状態
　　　B類　　＝　節　　　　　事態
　　　C類　　＝　主節　　　　判断
　　　D類　　＝　発話　　　　伝達　　　　　　（田窪 1987: p. 38, (2), (2)'）

従来の先行研究では、因果関係を表すカラ・ノデ節はB類、根拠を表すカラ・ノデ節はC類として分類されている(田窪1987)。しかし、非意志的因果関係、意志的因果関係のカラ・ノデ節の節レベルについては議論されていない。

　2.5.2節で議論したとおり、意志的因果関係のカラ・ノデ節には一部のモーダル要素が現れうるため、B類節ではないことになる。しかし、田窪(1987)ではC類節の特徴として非制限修飾句であり、それゆえ疑問の焦点がおかれないと述べている。しかし、意志的因果関係を表すカラ節には疑問の焦点をおくことができる[20]。

(84)　a.　誰が来るからあわてているのですか。
　　　b.　誰がいるから北海道に行くんですか。　　（田窪1987: p. 44,(42a)）

これらの現象に基づけば、意志的因果関係のカラ・ノデ節はB類とC類の中間的な性質を持っていると言えるだろう。

2.7　理由文の意味論

　本節では理由文の各用法の意味論について論じる。筆者は非意志的因果関係・意志的因果関係・根拠の各用法を通して接続助詞カラ・ノデの意味論は共通であり、カラ・ノデがとる節によって理由文全体の意味・用法の違いがもたらされると考える。

　まず、接続助詞カラ・ノデの意味論を考える。本書では坂原(1985)にならい、因果関係を命題間、もしくは発話行為間に成り立つ関係と分析する[21]。接

---

[20]　ただし、ノデ節は用法に関わらず疑問の焦点になりえない。これは、従属節のレベルの問題とは独立したノデ節特有の性質と考えられる。

[21]　坂原(1985)のこの立場はRamsey(1931)に従ったものである。理由文を意味論的にどのように扱うか、特に、因果関係が命題間の関係であるか、出来事間の関係であるか、それ以外の存在物の間に成り立つ関係とすべきであるかについては多くの立場がある。因果関係に関する分析で最も影響力があるのはDavidson(1967)の研究であり、因果関係を出来事間の関係として扱っている。いっぽう、Vendler(1967a)やBennett(1988)のように事実(命題)間に成り立つ因果関係も認める立場もある。因果関係に関する哲学的議論の概要に

続助詞カラ・ノデの意味論は (85) のようになる。

(85) 「P カラ／ノデ Q」が真になる iff
    a. 'if P then Q' が真、かつ
    b. P が真

それでは、各用法の理由文がどのように解釈されるかを例を用いて見てゆこう。まず、非意志的因果関係の用法の例である。

(86) **非意志的因果関係**：
    [$_{saP}$ [$_{SenP}$ [$_{TP}$ 雨が降った] <u>ので</u>、[$_{TP}$ 気温が低下した]]$_{\langle spkr, ut\rangle}$]^{c}

視点付き命題に対応する節レベル SenP は (87) のように解釈される。

(87) a. [$_{SenP}$ 明日は雨が降る]$_{\langle EA, t\rangle}$
    b. 意味表示：$K_{\langle EA, t\rangle} \ni$ **明日は雨が降る**

TP は意味論的に視点なし命題に対応すると想定する。よって、(86) の意味表示は (88) のようになる。

(88) $K_{\langle spkr, ut\rangle} \ni$ **if** '雨が降った' **then** '気温が低下した'、かつ
    $K_{\langle spkr, ut\rangle} \ni$ 雨が降った

(86) の解釈によって、世界に存在する事実「雨が降った」と「気温が低下した」の間に因果関係が存在するという知識と、「雨が降った」という事実に対する知識を発話時点の話し手が持っていることになる。
  次に意志的因果関係用法について見てみよう。

ついては Schaffer (2007) および Ehring (2009) にまとめられている。

(89) 意志的因果関係：
　　　[$_{saP}$ [$_{SenP}$ [$_{SenP}$ 昨日は熱が出た]$_{\langle k,t \rangle}$ <u>から</u>、健は仕事を休んだ]$_{\langle spkr,ut \rangle}$]^c

(89)の意味論は(90)のとおりである。

(90) 　$K_{\langle spkr,ut \rangle} \ni$ **if** '$K_{\langle k,t \rangle} \ni$ 熱が出た' **then** '健が仕事を休んだ'、かつ
　　　$K_{\langle spkr,ut \rangle} \ni K_{\langle k,t \rangle} \ni$ 熱が出た

(90)の意味論によれば、「(健が)熱が出た」という知識を持っていることと「健が仕事を休んだ」という世界の事実との間に因果関係が存在すると、話し手が知っていることになる。「「熱が出た」という知識を持っている」という信念が世界の事実と因果関係を持つ場合、原因と結果を結びつけるものとして、行為をする認識主体が仮定されるため、(90)は意志的因果関係に言及したものとして理解される。

　最後に、根拠用法について見てみよう。

(91) 根拠：
　　　[$_{saP}$ [$_{SenP}$ バスが定時にちゃんと来た]$_{\langle spkr,ut \rangle}$]^c から、
　　　　　　　　　　　　　[$_{saP}$ [$_{SenP}$ 道路は混んでいない]$_{\langle spkr,ut \rangle}$ よ]^c

ここでは、発話行為節 saP は「話し手による「バスが定時にちゃんと来た」という事実の主張」という発話行為を表していると仮定する[22]。すると、(91)の意味論は(92)のようになる。

---

[22] ここでは発話行為節を従属節として埋め込み可能であるという立場をとっているが、これには問題がある。引用句でない限り、命令や依頼などの発話行為が埋め込み環境に現れることはないためである。この点を鑑みれば、根拠のカラ・ノデ節を saP と呼ぶことは不適切であり、より適切な用語を与える必要があるが、本書では議論しない。

（92） $K_{\langle spkr,ut \rangle} \ni$ **if** 文脈 c において '$K_{\langle spkr,ut \rangle} \ni$ バスが定時にちゃんと来た'
と主張した **then** 文脈 c において '$K_{\langle spkr,ut \rangle} \ni$ 道路は混んでいない' と主張した

かつ

$K_{\langle spkr,ut \rangle} \ni$ 文脈 c において '$K_{\langle spkr,ut \rangle} \ni$ バスが定時にちゃんと来た'
と主張した

（92）の解釈によれば、話し手が「バスが定時にちゃんと来た」と主張した事実が原因となり、「道路は混んでいない」という主張が結果として導かれることになる。これは、根拠用法の解釈を適切に説明していると思われる。（91）では主節が主張の場合であったが、2.5.1 節で述べたとおり主節が命令や依頼となることも可能である。

2.8　本章のまとめ

　本章では、知識内に含まれる命題を視点付き命題と視点なし命題に分け、この分類と日本語のカラ・ノデを用いた理由文の統語・意味分析について論じた。視点付き命題は何らかの認識主体によってある知識が所持されているということについて述べた命題であり、視点なし命題はそのような知識に関わらない命題である。2 種類の命題の違いについて論じた後で、視点付き命題の解釈においてどのように認識視点が決定されるかという問題について 2.4 節で述べた。さらに、視点付き命題、視点なし命題の概念を用いて、理由表現の意志的因果関係、非意志的因果関係用法を分析することを提案し、理由文の統語的分析と意味論的分析を行った。

　次章では、本章で提案した理由文の分析と認識視点という道具を用いて、理由文の中に現れる時制形式の分布と時間解釈を分析する。

第 3 章

時制と視点の転換

3.1　はじめに

　本章および第 4 章、第 5 章では、因果関係を表すカラ・ノデを含む文（以降、因果構文と呼ぶ）における時制形式とその解釈について考察を行う。特に注目するのは、一般的に非過去形とされる基本形（「怒る」や「食べる」、「痛くなる」）が過去の出来事に言及する、(1a), (1b)のような例である。

(1)　a.　先生が**怒る**から／ので、学生たちは静かにした。
（宇野・池上 2006: p. 217, (a)）
　　b.　健は昨日山ほど**食べる**から、お腹が**痛くなる**んだ。

　(1a), (1b)で動詞の基本形が過去の出来事に言及しうることは、先行研究の分析では説明できない。(1a)では、原因節の動詞「怒る」が基本形で現れている。「怒る」は動態動詞であるので、発話時を基準にした絶対時制解釈をすれば、発話時から見た未来の出来事に言及したものと解釈されるはずである。また、主節の出来事時を基準にした相対時制による解釈をすれば、従属節において言及されている「怒る」という出来事が主節の「静かにする」という

出来事より後に起こると解釈されるはずである。しかし、どちらも(1a)の実際の解釈を説明できない。(1b)のカラ節内に現れる基本形「食べる」についても同様の問題が発生する。また、(1b)については主節の「痛くなる」も過去の出来事に言及しているが、この解釈も従来の分析からは予測できない。

(1a)と(1b)はどちらも、時制形式から予測される出来事時についての予測と、実際の解釈が齟齬を起こすという点では共通の性質を持つ。しかし、岩崎(1993, 1994, 1995)が指摘するとおり、これら2種類の文はそれぞれ異なる要因で非過去形が現れていると考えられる。本章では、(1a), (1b)の時制形式の現れを、前章で論じた認識視点を用いた因果構文の分析に基づいて分析する。そのうえで、第4章、第5章でそれぞれの文の意味論についてより詳細な分析を行う。

本章では日本語の時制形式の解釈について、(2)を主張する。

(2) 日本語の動詞の時制形式は、以下の3つの時間のいずれかを基準時とし、その基準時以降の出来事・状態を表す。
 a. 発話時
 b. (視点なし命題に対応する従属節において) 主節の出来事時
 c. (<u>視点付き命題に対応する節</u>において) **当該の節に対する認識視点**

このうち、(2a), (2b)を用いることは従来の分析でも一般的であり、それぞれ絶対時制解釈、相対時制解釈にあたる。本章での新しい提案は、(2c)の認識視点を基準にした時制形式の解釈が存在するという点である。また、本章では日本語の動態動詞基本形が(3)のような意味論を持つと分析する(田窪 2006, 2008a, 2008b, Kaufmann & Miyachi 2011)[1]。

(3) $[\![-(r)u]\!] = \lambda r.\lambda P \in D_{\langle v,t \rangle}.\exists e \in D_v.[P(e) \wedge r \leq s(e)]$　　ただし

---

[1] v は出来事に対応する意味タイプである。本書ではこのように、意味タイプとして、個体 e, 真理値 t, 指標タイプ s に加えて出来事タイプ v も用いる。(3)の意味論には第4章で一部修正を加える。

a. r は基準時を表す時間のインターバル
b. s は出来事をとってその開始時点を与える関数
c. P ($\in D_{\langle v,t \rangle}$) は核文 (sentence radical) が表す出来事述語[2]

本章の目的は、(2) と (3) の分析によって、(1a)、(1b) の時制形式と解釈を説明できることを論じ、分析の概要を示すことである。

本章の議論は以下のように構成される。3.2 節では日本語の単文・複文における時制形式の一般的な分析についてまとめる。次に 3.3 節において、(1a) と (1b) の違いを検討し、3.4 節で、岩崎 (1993, 1994, 1995) の研究に基づき、非過去形の現れを可能にしている 2 種類の要因についてまとめる。その後、3.5 節で、(1a) と (1b) それぞれに対する本書の分析を示す。

3.2　前提：現代日本語の時制形式と解釈

(1a) と (1b) に関わる問題についてくわしく検討する前に、日本語の時制形式と時間解釈について、基本的な内容をまとめておく。

3.2.1　時制形式と単文における解釈

本書では、現代日本語の**基本形・タ形**をそれぞれ**非過去時制・過去時制**に対応するものと考える[3,4]。動詞の場合は、基本形は語尾 -u または -ru で終わる形、タ形は語尾 -ta (-da) で終わる形を指す。イ形容詞・ナ形容詞・判定詞「だ」および否定辞「-ない」も合わせてまとめると、表 3.1 (次ページ) のとおりである。

---

[2] $\langle v, t \rangle$ は出来事述語に対応する意味タイプであり、$D_{\langle v,t \rangle}$ は出来事述語のドメインである。また、核文は文の表面的な形式から時制・モーダルなどに対応する部分を取り除いたものを指す。

[3] 基本形は**ル形・スル形**という用語でも呼ばれる。

[4] 基本形―タ形の対立を時制ではなくアスペクトに対応するとみなす立場もある。時制を表すとみなす研究には Ogihara (1996)、中村 (2001)、アスペクトとする研究には寺村 (1984)、工藤 (1987, 1995) などがある。

表 3.1　述語の基本形とタ形

	基本形	タ形
動詞	-u/-ru	-ta/-da
イ形容詞／否定辞「-ない」	-i	-katta
ナ形容詞	-da	-datta
判定詞「だ」	-da	-datta

　次に、時制形式の単文における解釈について確認する。述語の種類によって、基本形とタ形がどの時間に言及するかは異なる。状態述語（状態性の動詞、形容詞、動詞のテイル形など）の場合、基本形は普通、発話時現在の状態を表す(4a),(4b)が、文脈が整えば未来の状態とも解釈される(4c)。いっぽう、タ形は発話時から見た過去の状態と解釈される(4d)。

(4)　a.　空が**青い**。
　　b.　マリは隣の部屋に**いる**。
　　c.　僕は来週の日曜は**忙**しい。会議で東京に**いる**。
　　d.　昨日は町が**にぎやかだった**。

動態述語の場合には(5a),(5b)のように、基本形は発話時より未来の出来事として解釈され、タ形は過去の出来事を表す。

(5)　a.　僕は東京に**行く**。
　　b.　福岡で野球を**見た**。

また、状態述語／動態述語、基本形／タ形のいずれについても総称的 (generic) 解釈が存在する。基本形は(6)のように、時間を超えて、あるいは現在において一般的に成り立つ事柄に言及することができ、またタ形は(7)のように、過去において一般的に成り立っていた事柄に言及可能である。

(6) a. 鳥は空を**飛ぶ**。
  b. 太陽は東から**昇る**。
  c. ゾウは鼻が**長い**。
  d. 宇宙空間には酸素が**ない**。
(7) a. この恐竜は小動物を**食べた**。
  b. ゾウの先祖は鼻が**短かった**。

次節では、複文における時制形式の解釈についてまとめる。

3.2.2 複文における時制解釈

次に、複文における時制形式の解釈について扱う。先行研究において複文の時制形式が議論される場合、特に従属節の基本形／タ形がどのような基準で決定されるかという問題が中心となってきた。時制形式を決定する要因としては、相対時制・絶対時制の2つの基準が取り上げられることが多い（寺村 1984, Comrie 1985, 工藤 1989, 三原 1991, 益岡・田窪 1992, 吉本 1993, 中村 2001）。それぞれの基準に従った場合に従属節の基本形／タ形と主節の事態時・従属の事態時・発話時との関係がどう解釈されるかは、表3.2のようにまとめられる。

表 3.2　相対時制／絶対時制と時間関係

従属節の時制形式	基本形	タ形
絶対時制	発話時と同時あるいは以後	発話時以前
相対時制	主節の事態時と同時あるいは以後	主節の事態時以前

例えば(8), (9)ではそれぞれaが相対時制、bが絶対時制による解釈として説明される（(8), (9)は三原 1991: p. 65 (2), (3)による）[5]。

---

[5] 相対時制・絶対時制のどちらが用いられるかについては、三原 (1991, 1992) が「視点の

(8) a. 田中さんは奥さんが入院した病院に駆けつけた。
　　b. 越前海岸で自殺した女性はそこへ行くのにタクシーを使った。
(9) a. ここでキャンプをする人は管理人に届けること。
　　b. 転居する人は普通、転居後に住民登録をする。

「$e_1 < e_2$」という表記によって「出来事 e_1 が出来事 e_2 に時間的に先行する」ことを表すと、(8)が言及する出来事の間の時間関係は、それぞれ(10a),(10b)のように解釈される。

(10) a. 入院する＜駆けつける＜UT
　　 b. 自殺する＜UT　かつ　タクシーを使う＜UT

(8b)では、時制形式から得られる情報に加えて、「ある人が自殺した後でタクシーを使うことはできない」という、述べられている出来事の性質によって、「タクシーを使う＜自殺する」という時間関係も副次的に得られる。時制形式のみによって判断すると、相対時制／絶対時制という2つの基準に対応して2種類の解釈が可能となるはずであるが、言及されている出来事の性質や一般的な因果関係などによって、多くの例では片方の解釈が優先される。

3.2.3 因果構文における時制形式の分析

前節では、複文の一般的な時制解釈について検討した。本節では、特に因果構文に注目した時制解釈の先行研究として、中村(2001)を取り上げる。

中村は複合述語および複文の時制解釈について広く分析し、解釈を決定す

原理」として次のようにまとめている(三原 1991: p. 70, (16))。
(i) a. 主節・従属節時制が異なる時制形式の組み合せとなる時、従属節時制形式は主節時視点によって決定される。
　　b. 主節・従属節時制が同一時制形式の組み合せとなる時、従属節時制形式は発話時視点によって決定される。
ただしこの原理は絶対的なものではなく、あてはまらない例も多い。

る諸条件を提示している。理由の従属節（タメニ、セイデ、ノデ、カラ）については特に 4.6 節で扱われている。中村の分析によれば、ノデとカラの時制に関する情報は次のとおりである[6]。

(11) ノデとカラのテンス情報：
 $FET^m < FET$ なら、$ST_{PET} = FET^m$
 それ以外は、$ST_{PET} = FET \lor UT$ (中村 2001: p. 139. (65))

まず、「$ST_{PET} = FET \lor UT$」という部分から見てゆく。ST は述語要素の屈折の基準点（standard time）を表し、ST_{PET} は前の述語要素の出来事（eventuality）時点にとっての基準点を表す。FET は後ろの述語要素の出来事時点、UT は発話時点である。つまり、$ST_{PET} = FET \lor UT$ はカラ・ノデ節内の述語の時制形式が、主節の述語要素の述べる出来事時点、あるいは発話時点を基準として決定されるということを表現しており、これは相対時制あるいは絶対時制による解釈が可能ということに他ならない。

中村の分析で明示的に付け加えられているのは、「$FET^m < FET$ なら、$ST_{PET} = FET^m$」という部分である。FET^m は後ろのモダリティ時点を表す。つまり、主節のモダリティが判断される時点よりも主節の述語が言及する出来事（eventuality）の時点のほうが後であるような場合には、主節の述語の時制形式はモダリティの判断時点によって決定されると述べている。この条件によって、(12a) のような例で「お父さんが亡くなった」という出来事時点が必ず「らしかった」が表す判断の時点よりも以前と解釈されることが説明できる。

---

[6] タメニ、セイデの時制に関する情報は次のとおりである。

 (ii) タメニ、セイデのテンス情報 (2)：
  $FET^m < FET$ なら、$ST_{PET} = FET^m$
  それ以外は、$ST_{PET} = FET$ (中村 2001: p. 137. (61))

中村の分析は南 (1993) による従属節の 4 段階階層分析に基づく。中村は吉本 (1993) に従い B 類は相対時制、C 類は絶対時制による解釈を受けるという前提をおいており、また、タメニ・セイデは B 類従属節、カラ・ノデは C 類従属節を作るとみなしている。時制に関する情報の違いはこれらの前提に対応する。

(12) a. 山田君は、お父さんが亡くなったので、学校をやめるらしかった。
　　 b. 山田君は、お父さんが亡くなったので、学校をやめる。

(中村 2001: p. 136, (60)を一部改変)

(12b)のように明示的なモーダル要素のない文の場合は、明示的モーダル要素に対応する位置に、空のモーダル要素 ϕ^m が想定されている。「やめる」という出来事時点は基準点とならず、空のモーダル要素の判断時点、すなわち発話時点が基準点となる。結果、「お父さんが亡くなった」が言及する出来事の時点は、必ず発話時以前と解釈される。中村によれば、このようにモダリティの判断時点が時制の基準点となる現象が見られるのは、「理由節、順接、逆接といった判断時点への参照を必要とする接続助詞類のみ」(p. 137)である。

　中村は理由表現（および順接・逆接表現）の中における時制形式の決定に関する条件を、明示的に述べた点で評価される。特にモダリティ時点を導入したことは、現象を整理するうえで有効である。いっぽうで、大きく2つの問題点が指摘できる。1つは、記述的妥当性に関わるものである。確かに(11)のテンス情報を想定することで(12)のようなデータを説明することはできる。しかし、(11)は現象の1つの記述に過ぎず、なぜ理由節、順接、逆接など（FET^m < FET となる場合）とそれ以外で基準点の決定方法が異なるのかについては、何も述べていない。

　もう1点の問題点は経験的データに関係するものである。本章の最初に挙げたデータにおける時制形式の現れは中村 (2001)の分析でも説明できない。次節では問題となる例について議論する。

3.3　問題点：因果構文における例外的事例

　本節では、相対時制／絶対時制の解釈によっても、中村 (2001)の分析によっても、説明が不可能な時制形式のふるまいを見る。問題となるのは以下のような例である。

(13) a. 先生が**怒る**から／ので、学生たちは静かにした。　　(＝ (1a))
　　 b. 当の私が落ち着いているのに、関係ない彼女が**泣く**のでびっくりした。　　　　　　　（岩崎 1994: p. 113, (3), 下線・強調筆者）
(14) a. 健は昨日山ほど**食べる**から、お腹が**痛くなる**んだ。　　(＝ (1b))
　　 b. あんな犬に手を**出す**から**かまれる**のよ。
　　　　　　　　　　　　　　　　　　（沈 1984: p. 34, 下線・強調筆者）

(15), (16) に示すとおり、これらの例における時制解釈は、絶対時制／相対時制では説明できない。

(15) 　(13a) について
　　 a. **絶対時制による予測**：
　　　　　　UT ＜ 怒る (= e_{angry}) かつ　静かにする (= e_{quiet}) ＜ UT
　　 b. **相対時制による予測**：　$e_{quiet} < e_{angry} <$ UT
　　 c. **実際の時間関係**：　$e_{angry} < e_{quiet} <$ UT
(16) 　(14a) について
　　 a. **絶対時制による予測**：
　　　　　　UT ＜ 食べる (= e_{eat}) かつ　UT ＜ お腹が痛くなる (= e_{ache})
　　 b. **相対時制による予測**：　UT ＜ $e_{ache} < e_{eat}$
　　 c. **実際の時間関係**：　$e_{eat} < e_{ache} <$ UT

中村 (2001) の分析を用いても、これらの問題が解決しないのは明らかである。中村の分析が相対時制／絶対時制を用いた場合と異なる解釈を予測するのは、「FET^m ＜ FET」つまり、主節の述語が主節のモダリティの判断時点よりも後の出来事に言及する場合のみである。しかし、(13), (14) の例ではいずれも、主節が言及するのは発話時以前の出来事である。ゆえに、時制形式の問題は解決されないまま残る。

このような例外的事例を最初にまとまって指摘したのは沈 (1984)である[7]。沈は多くの実例に基づいて従属節における時制解釈を相対テンス・絶対テンス、および「脱テンス」に分類した。「脱テンス」は、上述の例外的事例を扱うために沈が導入した用語である[8]。「脱テンス」が起こる要因について沈 (1984)は、「脱テンスというのはテンス的な意味をうしなっているもの、つまり前節と後節の意味関係の論理的な面が強調されることによって、時間的関係の面が裏にひっこんでしまうようなものである」(p.34)と述べているが、具体的にどのようなプロセスを経て時制形式が決定されるのかは明らかでない。

3.4 「観察」と「非難」：岩崎の分析

岩崎 (1994)は、沈 (1984)が「脱テンス」現象としてひとまとめに取り上げたものが、大きく2つのタイプに分けられることを指摘している。1つは「観察」が関わる文、もう1つは「非難」の副次的意味をもつ文である。(17a)が「観察」タイプ、(17b)が「非難」タイプにあたる。

(17)　a.　先生が**怒る**から／ので、学生たちは静かにした。
　　　b.　健は昨日山ほど**食べる**から、お腹が**痛くなる**んだ。　　　（＝(1)）

本節では、これらの文の性質について簡単にまとめる。それぞれのタイプの文に関する詳細な議論は第4章（観察タイプ）と第5章（非難タイプ）で行う。

3.4.1　観察が関わる因果構文

観察が関わる因果構文の例は上述(13)の例があるが、その他に岩崎は(18)のような例も挙げている。

---

[7]　早い時期では三上 (1963)に (iii)の例の指摘がある。

　　(iii)　君があんなことをiuから、彼は帰ったのだ。　　　　　　　（三上 1963: p.18）

[8]　沈 (1984)はカラ・ノデ以外にも、列挙・羅列を表す～シ、逆接のガ・ケレドモ・ノニなどを含む文で脱テンス現象を指摘している。

(18)　a.　頭を下げろ、と主人が言うので、おれは股の間へ頭を下げた。
　　　b.　あんまり晴れやかに笑うので見慣れた玄関に立つその人の瞳がぐんと近く見えて、目が離せなかった。

（岩崎 1994: p. 112, (10). 下線・強調筆者）

岩崎によれば、これらの文は、主節の主語がノデ節、カラ節の事態を観察し、その観察を理由にして主節で述べられる行動を行っている、ということを表す（岩崎 1994: 2.3）。岩崎は、この意味的特性に付随して、「観察」が関わる因果構文には(19)のような特徴が見られると指摘する。

(19)　a.　ノデ節、カラ節内の述語が、過程を持つ動きを表す動詞である。
　　　b.　従属節と主節の主語が異なる。
　　　c.　主節の主語が無生物ではない。

(19a)の特徴があるのは、「観察（および知覚）の性質上、観察の時点と観察される現象の時点は同じである。ノデ節、カラ節内の述語が過程をもつ動きを表すのであれば、過程があるが故に同時に見ることができるので観察の対象となる[...]」（岩崎 1994: p. 108）からとされる。例えば、従属節が過程をもたない動きに言及する場合に、従属節の述語を基本形にすると、従属節の出来事が主節の出来事に先行する解釈は不可能になる。(20)のように原因が瞬間的な出来事の場合は、原因となる出来事が観察可能な過程をもたないため、仮に基本形「つく」を用いたとすると、「足が月面についた」という原因節の出来事が結果節の「噴射をとめた」に先行するという解釈はできない。結果として、基本形を用いた文は通常想定される出来事の順番に合わず、意味的に不自然な文となってしまう。

(20)　4本の足が月面についたので（*つくので）、おれたちはロケットの噴射をとめた。

（岩崎 1994: p. 5, (15)）

また、(19b)の特徴は、従属節と主節の主語が同じであると、主節の主語が自身の動作を客観的に観察することができないことによる。(21a)で基本形「走る」が使えないのはこのためである。

(21) a.　(「走る＜ドキドキする」という時間関係のとき。走るのは田中)
　　　　　田中は急に ｛走った／*走る｝ ので、心臓がドキドキした。
　　 b.　(「走る＜ドキドキする」という時間関係のとき。走るのは「娘」)
　　　　　田中は娘が急に ｛走った／走る｝ ので、心臓がドキドキした。

同じことは、(22)について $e_{quiet} < e_{angry}$ という解釈、つまり「学生たちは先生が怒るだろうことを**予測した**ので、静かにした」という解釈しか許されないことでも確かめられる。

(22)　先生に怒られるから、学生たちは静かにした。
　　　可能な解釈：　$^{ok}e_{quiet} < e_{angry}$　　$^{*}e_{angry} < e_{quiet}$
　　　　　　　　　　　　　　　　　　　　（岩崎 1994: p. 109, (26) より）

さらに、観察をしてそれを理由に行動する主体であるため、主節の主語は有情物でなければならない。(19c)の特徴はこのことを反映している。

　岩崎は観察が関わる因果構文について多くの実例を挙げ、くわしく考察している。しかし、相対時制／絶対時制で説明できない基本形の現れの中には、(19)の条件を満たさないものが存在することも指摘している。それが次のタイプ、「非難」が関わる因果構文である。

3.4.2　非難が関わる因果構文

　2つめのタイプの例は(19)に挙げた特徴にあてはまらないにも関わらず、基本形を用いて過去の事態に言及することが可能である。(17b)の通常の解釈では、「山ほど食べる」という出来事を観察したことを動機として「お腹が痛くなる」という出来事が起こったわけではない。(23b)も同様に、カラ節の出来

事に対する観察が動機となっているわけではない。さらに、(23a), (23b)ではどちらも主節と従属節の主語が同一であるし、また(23b)は「出会う」という過程のない事態について述べている。このように、観察の文の特徴を満たさないにも関わらず、従属節の事態が主節の事態に先行するという解釈が可能である。

(23)　a.　健は昨日山ほど**食べる**から、お腹が**痛くなる**んだ。　　（＝(1b)）
　　　b.　あのときあいつに**出会う**から、待ち合わせに**遅れた**んだ。
　　　　　　　　　　　　　　　　　　　　　（岩崎 1994: p. 5, (20), 一部改変）

岩崎（1994）はこのような文を「「ルカラ〜ノダ。」類の文」と呼び、(24)のような特徴付けをしている。

(24)　「ルカラ〜ノダ。」類の文：「観察」の文の持つ語彙的特徴、統語的特徴に欠けていても、基本形で現れている原因節の事態が主節の事態に先行する読みが可能である。次の成立条件がある。
　　　　　「主節事態がその文の発話者にとって望ましくないものであり、その原因となるカラ節に差し出される事態に対して、カラ節の主語なる相手を非難するニュアンスがある。」　　（岩崎 1994: p. 105）

(24)で述べられているとおり、このタイプの例には、話し手が誰かを非難したり、バカにしたりしているという副次的な意味をともなう。それゆえ、通常好ましいと考えられる事態に言及する場合には、「ルカラ〜ノダ。」類の文は意味的に不自然に感じられ、(25a)のように容認度が下がる。それに対して、基本形ではなくタ形で過去の出来事に言及する文にはこのようなニュアンスはない。

(25)　a. #中山さんは泥棒を**捕まえる**から、警察から感謝状を**贈られる**んだ。
　　　b. 　中山さんは泥棒を**捕まえた**から、警察から感謝状を**贈られた**んだ。

この副次的意味については、第5章でくわしく論じることにし、ここでは詳細には立ち入らない。

　ここでは、本章での議論に必要な3つの特徴について述べておく。1つは、従属節と主節の時制形式の組み合わせについての特徴である。2つめは、文末のノダに関する特徴である。最後は、接続助詞の選択についてである。

　まず、時制形式の組み合わせについて見る。非難が関わるタイプの因果構文では、従属節だけでなく主節の動詞についても、基本形を用いて過去の事態に言及できる(沈1984, 岩崎1994)。(26)のような例では、基本形を用いた場合とタ形を用いた場合で、事態間の時間関係の解釈に大きな違いはない。

(26)　a.　健は昨日山ほど**食べる**から、お腹が**痛くなる**んだ。
　　　b.　健は昨日山ほど**食べた**から、お腹が**痛くなった**んだ。

主節と従属節で基本形・タ形を組み合わせることも可能であり、解釈も大きく変わることはない。

(27)　a.　昨日そんなにたくさん**食べる**から、お腹が**痛くなった**んだ。
　　　b.　昨日そんなにたくさん**食べた**から、お腹が**痛くなる**んだ。

次に、文末のノダについてである。岩崎が「ルカラ～ノダ。」類の文と呼んでいることからも示唆されるように、非難が関わるタイプの因果構文では、主節にノダが付与されることが必要である。(28)はこのことを示す例である。

(28)　健は昨日山ほど**食べる**から、お腹が**痛くなる**？（んだ）。

最後に、非難が関わる因果構文ではカラのみ使用可能であり、ノデを用いると容認度が下がる。

(29)？健は昨日山ほど**食べる**ので、お腹が**痛くなる**んだ。

3.4.3　3.4節のまとめ：観察および非難が関わる因果構文の特徴

　3.4節では、先行研究における絶対時制／相対時制解釈による分析では説明できない基本形が現れている例外的な因果構文を、観察が関わる因果構文と非難が関わる因果構文の2タイプに分けた。それぞれの特徴は次のとおりである。

(30)　**観察が関わる因果構文**：
　　a.　主節の主語がノデ節、カラ節の事態を観察し、その観察を理由にして主節で述べられる行動を行っている、ということを表す。
　　b.　副次的特徴：
　　　(i)　ノデ節、カラ節内の述語が、過程を持つ動きを表す動詞である。
　　　(ii)　従属節と主節の主語が異なる。(→第4章で論じる)
　　　(iii)　主節の主語が無生物ではない。

(31)　**非難が関わる因果構文**：
　　a.　カラ節の主語を非難したり、バカにしたりする否定的なニュアンスがある。(→第5章で論じる)
　　b.　従属節・主節のどちらにおいても、基本形が過去の出来事に言及可能である。
　　c.　文末にノダが要求される。
　　d.　カラは使用可能だが、ノデを用いると容認度が下がる。

　次節では、これらの2タイプの文における時制形式の解釈を、第2章における視点付き命題と認識視点の概念、および理由文の分析に基づいて説明する。

3.5　認識視点に基づく時制解釈

　本節では、日本語の時制形式の解釈について(32)のような分析をし、また動態動詞基本形の意味論を(33)とすることで、観察の因果構文および非難の因果構文における時制形式を説明できることを示す。

(32) 日本語の動詞の時制形式は、以下の 3 つの時間のいずれかを基準時とし、その基準時以降の出来事・状態を表す。
    a. 発話
    b. （視点なし命題に対応する従属節において）主節の出来事時
    c. （視点付き命題に対応する節において）当該の節に対する認識視点
                                                                          （= (2)）

(33) $[\![\text{-}(r)u]\!] = \lambda r.\lambda P \in D_{\langle v,t \rangle}.\exists e \in D_v.[P(e) \land r \leq s(e)]$ ただし
    a. r は基準時を表す時間のインターバル
    b. s は出来事をとってその開始時点を与える関数
    c. P（$\in D_{\langle v,t \rangle}$）は核文（sentence radical）が表す出来事述語 （= (3)）

以降で、(32) と (33)、および第 2 章における理由文の分析に基づいて、時制形式とその解釈に対する説明を与える。まず 3.5.1 節で観察が関わる因果構文を、次に 3.5.2 節で非難が関わる因果構文を分析する。

3.5.1 観察の因果構文の分析

観察の因果構文の例として、以下の (34) を用いて論じる。

(34) 先生が**怒る**から／ので、学生たちは静かにした。   （= (17a)）

観察の因果構文の特徴は、3.4.3 節でまとめた (30) のとおりである。これらの特徴のうち、最初に (30a) に注目する。

観察の因果構文は観察によって動機付けられた行動について述べた文である。つまり、意志的因果関係のカラ・ノデ節である。第 2 章における意志的因果関係のカラ・ノデ節の分析を適用すれば、(34) は (35) のように分析される。ここでは、SenP の主辞として、音形をもたない ϕ_{sen0} が存在すると想定する。ϕ_{sen0} はカモシレナイ、ニチガイナイのような認識モーダルと同じ位置に現れる一種のモーダル要素であり、認識視点における知識に基づいて確定した命題に付与される要素と考える。

(35) [$_{saP}$ [$_{SenP}$ [$_{AdvP}$ [$_{SenP}$ 先生が怒る ϕ_{sen0}]$_{\langle students, t_1 \rangle}$ から]、
　　　　　　　　　　学生たちは静かにした]$_{\langle spkr, ut \rangle}$]^c

ここで、認識視点に含まれる時間 t_1 に注目しよう。t_1 は「先生が怒る」という事実を認識した時間である。

　前章で論じた意志的因果関係の理由文の意味論を用いると、(35)の解釈は次のようになる。

(36) 　$K_{\langle spkr, ut \rangle}$ ∋　if '$K_{\langle students, t_1 \rangle}$ ∋ 先生が怒る' then '学生たちが静かにした'
　　　かつ
　　　$K_{\langle spkr, ut \rangle}$ ∋　$K_{\langle students, t_1 \rangle}$ ∋ 先生が怒る

ここで '$K_{\langle students, t_1 \rangle}$ ∋ 先生が怒る' の意味論をさらに細かく分析する。「先生が怒る」に含まれる基本形に(33)の意味論を適用する。

(37) a. 　$K_{\langle students, t_1 \rangle}$ ∋ 先生が怒る
　　　b. 　$K_{\langle students, t_1 \rangle}$ ∋ $\lambda r. \exists e. [\textbf{teacher-angry}(e) \wedge r \leq s(e)]$

ここで、(37b)の基準時が選ばれることになる。本書では日本語の時制形式の解釈における基準時の選択について(32)の規則があると主張する。

　基準時として発話時を選択すると、「先生が怒る」という出来事の開始時点が発話時以降であることになり、(34)の解釈に合わない。意志的因果関係のカラ・ノデ節で他に基準時となる可能性があるのは、カラ・ノデ節の認識視点 $\langle students, t_1 \rangle$ の時間である。これを基準時とすると、(37b)はさらに(38)のようになる。

(38) 　$K_{\langle students, t_1 \rangle}$ ∋ $\exists e. [\textbf{teacher-angry}(e) \wedge t_1 \leq s(e)]$

しかし、(38)の意味論からただちに $e_{angry} < e_{quiet}$ という時間関係が予測できるわけではない。この時間関係を説明するためには、さらにいくつかの考察を行う必要がある。1つは、動態動詞基本形の解釈である。3.2節にまとめたとおり、先行研究では通常、動態動詞の基本形が単文に現れると、発話時から見た未来の出来事（$ut < e$）を表すものとして分析されている。しかし、(39)のように動態動詞の基本形が話し手の眼前で進行している出来事に言及する例もある。

(39) （文脈：友だちが紙飛行機を飛ばした。風向きがよくてなかなか落ちてこないのを見て）
　　「おお、飛ぶねえ。」

(39)のような例に現れている動態動詞基本形も、不定形ではなく非過去形だと分析するのであれば、動態動詞の非過去形を一律で「基準時より後の時間に起こる出来事を表す（$r < e$）」とすることはできない。筆者は動態動詞の基本形にもある意味で「基準時と同時の出来事を表す」用法があると主張する。この同時的な用法を捉えるために、基準時について次の仮定をおく（Dowty 1977）。

(40)　認識時および発話時は単なる時点ではなく、インターバルである。

時間軸上の一点である時点に対して、インターバルは時間的な幅を持つ。インターバルを取り入れたインターバル意味論は、時制やアスペクト、時間副詞（句）の研究などに用いられている。出来事について考える際は、出来事時がインターバルであるという考え方は非常に自然である。多くの出来事は、一瞬ではなく時間的な広がりを持って起こるものであるからだ。また、個々の出来事によって、出来事時がどれくらいの幅のインターバルに対応するかは異なる。「漢字を1つ書く」のように数秒の幅のものもあれば、「本を一冊読む」や「家を一軒建てる」のように出来事時が長いインターバルになるものもある。本節ではこのような出来事時がインターバルに対応するだけでな

く、認識時・発話時もインターバルとして扱う (Dowty 1977)。つまり、ある事実に関する認識が起こる時間も、ある発話が行われる時間、つまり話し手にとっての「発話を行っている**現在**」も、一点ではなく幅のあるものとみなす。ただし、認識時・発話時は出来事時とは異なり、対応するインターバルの長さはかなり制限される。認識主体や発話者である人間にとって「今」「現在」としてひとまとまりに捉えられる時間の長さは限られているためである。

このように基準時となる認識時・発話時をインターバルとすると、「基準時より後の出来事」という意味論でも「基準インターバルの始点より後」なのか、「基準インターバルの終点より後」なのかなど、細かな違いが考えられる。本書では、動態動詞基本形は「出来事の開始時点が基準インターバルの**始点以後**」、動態動詞夕形は「出来事の終了点が基準インターバルの**終点以前**」という時間関係を示すとする[9]。

(41) a.　$\llbracket \text{-}(r)u \rrbracket = \lambda r.\lambda P \in D_{\langle v,t \rangle}.\exists e \in D_v.[P(e) \wedge s(r) \leq s(e)]$
　　　b.　$\llbracket \text{-}ta \rrbracket = \lambda r.\lambda P \in D_{\langle v,t \rangle}.\exists e \in D_v.[P(e) \wedge f(r) \leq f(e)]$
　　　　　（ただし、s は出来事またはインターバルをとってその始点を与える関数、f は出来事またはインターバルをとってその終点を与える関数とする）

この意味論に従えば、ある出来事の開始時点が基準インターバルの始点以後にあり、終了点が基準インターバルの終点以後にあれば、当該の出来事は動態動詞の基本形によって表されることになる。この条件を満たす時間関係には2つのケースがありうる。図3.1の e のように、出来事の開始時点が基準インターバルの始点と終点の間にあるケース（$s(r) \leq s(e) < f(r)$）と、e' のように開始時点が基準インターバルの終点以後に位置するケース（$f(r) \leq s(e)$）である。

---

[9] 同様の分析をとる研究として、田窪 (2006) が挙げられる。

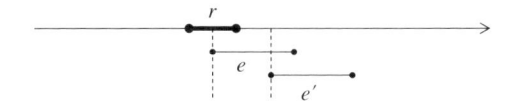

図 3.1　基本形が表しうる出来事と基準インターバルの関係

(39)は、図 3.1 の e のように、基準インターバルと出来事が一部時間的に重なっているケースとして解釈されているのだと考えれば、(39)で「(紙飛行機が) 飛ぶ」が発話時の眼前の出来事として理解されることを説明できる。

この分析をふまえて、観察の因果構文(34)の分析に戻ろう。(41a)の基本形の意味論を適用すれば、(42a)の視点付き命題は(42b)のようになる。

(42)　a.　$K_{\langle students, t_1 \rangle} \ni$ 先生が怒る
　　　b.　$K_{\langle students, t_1 \rangle} \ni \exists e.[\textbf{teacher-angry}(e) \wedge s(t_1) \leq s(e)]$

$s(t_1) \leq s(e)$ で表される時間関係が図 3.1 のどちらのケースとして扱われるかによって、2 種類の解釈が生じる。図の e のように出来事時と基準インターバル((34)の例では t_1 =学生たちが「先生が怒る」という事実を認識した時間) に重なっている部分がある場合には、「眼前で今起きている先生が怒るという出来事を観察する」ことが動機となって、結果となる行為がなされると解釈される。これが観察の因果構文である[10,11]。

いっぽう、図 3.1 の e' のケースのように基準インターバルと「先生が怒る」という出来事時が重ならない時は、学生たちが「これから先生が怒るという

---

[10]　ここでの分析は観察の因果構文を同時性によって捉えようとする点で賈 (2001)と似た発想である。しかし、賈 (2001)が基本的にはカラ・ノデ節の出来事時と主節の出来事時の同時性によって観察の因果構文を捉えようとしているのに対して、本書ではカラ・ノデ節の出来事時と認識時の同時性によって捉えているという違いがある。

[11]　出来事時と基準インターバルに重なりがあるとき、どうして単に基準時において進行中の出来事を表すのではなく、眼前性や「観察」という解釈になるのか、については、次の第 4 章で論じる。

出来事が起こる」という事実を認識・予測したことが動機となって、「静かにする」という行為がなされた、と解釈されることになる。確かに、(34)をこのように解釈することも可能である。

本節では、観察の因果構文の分析を行った。次に、非難の因果構文の分析に移る。

3.5.2　非難の因果構文の分析

非難の因果構文については、(43)を例として分析を示してゆく。

(43)　健は昨日山ほど**食べる**から、お腹が**痛くなる**んだ。　　　(＝(17b))

3.4.3節でまとめた非難の因果構文の特徴について、ここに再掲しておく。

(44)　**非難が関わる因果構文**：
   a.　カラ節の主語を非難したり、バカにしたりする否定的なニュアンスがある。
   b.　従属節・主節のどちらにおいても、基本形が過去の出来事に言及可能である。
   c.　文末にノダが要求される。
   d.　カラは使用可能だが、ノデを用いると容認度が下がる。(＝(31))

観察の因果構文の場合とはっきり異なるのは、(43)のカラ節が意志的因果関係ではなく非意志的因果関係を表している点である。(34)においては意志的因果関係を表すカラ・ノデ節の補部が視点付き命題として解釈され、さらにその視点付き命題を解釈する際の認識視点が、カラ・ノデ節内の時制形式の基準時として働く、と分析することによって、絶対時制解釈（発話時基準）でも相対時制解釈（主節の出来事時基準）でも説明できない時制形式の現れ方を説明した。しかし、(43)は非意志的因果関係のカラ節であるため、カラの補部は意味的に視点なし命題として解釈される。カラ節内の視点なし命題の解釈

において認識視点は関わらないため、観察の因果構文の分析をそのまま適用することはできない。しかし、本書では時制形式の解釈において基準時となりうるのは発話時（→絶対時制解釈）、主節の出来事時（→相対時制解釈）、認識視点に含まれる時間の3つであるという立場をとっている。よって、(43)の時制形式と時間解釈を、絶対時制／相対時制解釈のどちらでも説明できない以上、認識視点を基準時とすることで説明できなければならない。それでは、いったいどのように分析すればよいだろうか。

まず注目するのは特徴(44c)である。前節で示したとおり、非難の因果構文はノダをともなわないと容認度が落ちる[12]。ここで、ノダに関する第2章での観察を思い出されたい (2.4.2 節)。ノダは意志的因果関係を表すカラ・ノデ節と同じく埋め込み環境を作る言語形式である。すなわち、ノダが付与された視点付き命題は話し手・発話時以外の認識視点から解釈することが可能である。2.4.2 節で扱ったのは、ノダが付与された環境で感情・感覚述語の人称制限がなくなる例(45)や、個人的な好みを表す述語の判断主が話し手以外の主体として解釈される例(47)などであり、いずれも認識視点$\langle EA, t \rangle$のうち認識主体EAとして、話し手ではなく他の主体が選ばれるケースであった。

(45) a. *あなたは別れが悲しいですよ。
　　　b. 　あなたは別れが悲しいんですよ。
　　　c. *健は別れが悲しいですよ。
　　　d. 　健は別れが悲しいんですよ。
(46) a. 　[[あなたは別れが悲しい]$_{\langle adr, ut \rangle}$んですよ]$_{\langle spkr, ut \rangle}{}^c$
　　　b. 　[[健は別れが悲しい]$_{\langle k, ut \rangle}$んですよ]$_{\langle spkr, ut \rangle}{}^c$　　　　　　(k = 健)
(47) a. ? 健にとって納豆はおいしいよ。
　　　b. 　健にとって納豆はおいしいんだよ。
(48) 　[[健にとって納豆はおいしい]$_{\langle k, ut \rangle}$んだよ]$_{\langle spkr, ut \rangle}{}^c$

---

[12] ノダ以外では、確認要求のジャナイカを用いることも可能である。
　(iv) ラーメンの話なんかするから食べたくなったじゃないか。

3.5 認識視点に基づく時制解釈

それでは、ノダによる埋め込み環境で、認識視点 $\langle EA, t \rangle$ の認識時を発話時以外の時間として解釈することは可能か。(49)のような例で動態動詞基本形が過去の出来事に言及しうることを見ると、認識時を発話時以外に転換することが可能だと考えられる。(49)の2文めの一部について意味の計算過程を示す。

(49) 昨日マリとケンカしたんだけどさ。あいつ、外だってのに大声あげて<u>泣く</u>んだよ。参っちゃった。

(50) a. $[[\text{pro 大声あげて泣く}]_{\langle spkr,t \rangle} \text{んだよ}]_{\langle spkr,ut \rangle}{}^c$
    b. $K_{\langle spkr,ut \rangle} \ni \quad K_{\langle spkr,t \rangle} \ni [\![\text{pro 大声あげて泣く}]\!]$
    c. $K_{\langle spkr,ut \rangle} \ni \quad K_{\langle spkr,t \rangle} \ni \exists e.[\mathbf{cry}(x)(e) \land r \leq s(e)]$
        ($\mathbf{cry}(x)(e)$ は 'e は、動作主 x が泣く出来事である' を表す)
    d. $K_{\langle spkr,ut \rangle} \ni \quad K_{\langle spkr,t \rangle} \ni \exists e.[\mathbf{cry\text{-}out}(x)(e) \land t \leq s(e)]$
        （基準時を認識時で置き換え）
    e. $K_{\langle spkr,ut \rangle} \ni \quad K_{\langle spkr,t \rangle} \ni \exists e.[\mathbf{cry\text{-}out}(m)(e) \land t \leq s(e)]$
        （pro の照応：m = マリ）

本書では認識視点に関する情報が文脈によって与えられると仮定する。(50e)の段階では、認識時 t をどこに位置付けるべきかは決まっていない。しかし (49)の例では1つめの文の情報によって、「マリが泣く」という出来事が起きたのは過去（昨日）の出来事であるということが明らかである。しかし、2つめの文で動態動詞基本形が用いられているということは、認識時の始点が「マリが泣く」出来事の開始時点より前、すなわち過去におかれていると推論される。結果として、認識時 t は「彼女とケンカした」という出来事の時間に含まれるあるインターバル（すなわち、このインターバルは「昨日」の一部でもある）として理解される。

  非難の因果構文においても(49)の場合と同様にノダが認識視点を過去へと転換する働きをしていると考えられる。前章での議論に基づき、(43)の構造は(51)のように分析される。

(51)　[$_{saP}$ [$_{SenP}$ [$_{SenP}$ 健は [$_{AdvP}$ [$_{TP}$ 昨日山ほど食べ [-る]$_{T0}$] から]
　　　　　　　　　　　　　　　　　　　[$_{TP}$ お腹が痛くなる]] んだ]]。

意味解釈に際して、認識視点は次のように与えられる。

(52)　[[健は昨日山ほど食べるからお腹が痛くなる]$_{\langle EA,t \rangle}$ んだ]$_{\langle spkr,ut \rangle}$ ^{c}

この文についても、文脈情報から e_{eat}, e_{ache} が過去の出来事であることは明らかである。そのいっぽうで「食べる」「痛くなる」という基本形が用いられていることから、「健は昨日山ほど食べるからお腹が痛くなる」というノダの補部の解釈に際して、話し手・発話時とは別の認識視点があり、そこに含まれる認識時 t は e_{eat} や e_{ache} という出来事以前の、過去のインターバルであることになる。

　ノダの補部について、非意志的因果関係の理由文の意味論を適用すると(43)の意味は(53)のようになる[13]。

(53)　$K_{\langle EA,t \rangle}$ ∋　　if [[健が山ほど食べる]] then [[健がお腹が痛くなる]]
　　　　かつ
　　　　$K_{\langle EA,t \rangle}$ ∋　　[[健が山ほど食べる]]

さらに、「健が山ほど食べる」「健がお腹が痛くなる」に対して時制形式の意味論を適用する。

(54)　$K_{\langle EA,t \rangle}$ ∋　　if $\lambda r.\exists e.[\textbf{eat-a-lot}(k)(e) \land r \leq s(e)]$
　　　　　　　　　then $\lambda r.\exists e'.[\textbf{become-stomachache}(k)(e') \land r \leq s(e')]$

---

[13]　ここでは、(43)のノダの補部の解釈で用いられる認識視点について、認識主体を $spkr$（＝話し手）ではなく、EA とした。EA が話し手か、聞き手か、それとも他の主体として理解されるのかについては議論が必要である。

かつ

$K_{\langle EA,t \rangle} \ni \quad \lambda r.\exists e.[\textbf{eat-a-lot}(k)(e) \wedge r \leq s(e)]$

上述の理由から、基準時 r は認識視点内の認識時 t となる。

(55) $K_{\langle EA,t \rangle} \ni \quad \textbf{if } \exists e.[\textbf{eat-a-lot}(k)(e) \wedge t \leq s(e)]$
$\textbf{then } \exists e'.[\textbf{become-stomachache}(k)(e') \wedge t \leq s(e')]$

かつ

$K_{\langle EA,t \rangle} \ni \quad \exists e.[\textbf{eat-a-lot}(k)(e) \wedge t \leq s(e)]$

(55)の意味論を分かりやすく言いなおすとすれば、(56)のようになる。

(56) 過去のある認識時において、
a. 認識主体 EA が「健が山ほど食べる」という出来事が t 以降に起こることを知っており、かつ
b. 「健が山ほど食べるという出来事が t 以降に起こるならば、その事実が、健がお腹が痛くなるという出来事が t 以降に起こるという別の事実をもたらす」ということも知っている。

筆者は認識時が過去におかれることが、(43)タイプの因果構文がカラ節の主語を非難したり、バカにしたりするという副次的な意味を持つ特徴(44a)をもたらすと考える。この点については、第5章でくわしく論じる。

　非難の因果構文の特徴(44b)についても、ここで検討しておこう。すなわち、従属節・主節のどちらにおいても基本形が過去の出来事に言及可能である、という特徴である。この特徴は、本節における非難の因果構文の分析によって説明可能である。非難の因果構文の解釈に際しては上述の(52)のような認識視点が想定される。

　ノダの補部で認識視点を過去におくことができる、という本書の分析をとり、かつ時制形式の基準時として発話時・認識時・主節の出来事時という3つ

の可能性があるとすれば、(57a)では「食べた」の基準時が発話時、「痛くなる」の基準時が認識時におかれているとして分析可能である。いっぽう、(57b)では「食べる」が認識時基準、「痛くなった」が発話時基準と分析できる。

(57) a. [[健は昨日山ほど食べたからお腹が<u>痛くなる</u>]$_{\langle EA,t \rangle}$ んだ]$_{\langle spkr,ut \rangle}$^{c}
　　 b. [[健は昨日山ほど<u>食べる</u>からお腹が痛くなった]$_{\langle EA,t \rangle}$ んだ]$_{\langle spkr,ut \rangle}$^{c}

(57a)と(57b)ではどちらも、基本形を用いて発話時から見た過去の出来事に言及するということが行われているので、カラ節の補部を解釈する際の認識視点は過去に移動している必要がある。それに対して、(58)のパターンではどうだろうか。

(58) [[健は昨日山ほど食べたからお腹が痛くなった]$_{\langle EA,t \rangle}$ んだ]$_{\langle spkr,ut \rangle}$^{c}

(58)では、原因節・結果節のどちらにおいても過去形を用いて発話時から見た過去の出来事に言及している。この場合、カラ節の補部に対する認識視点は、必ずしも過去に移動していなくてもよいことになる。(58)の例であれば、「健が昨日山ほど食べたとき、その時点では話し手はそのことを知らなかった。発話時の今、健が山ほど食べたことを知った」という状況でもよい。つまり、(58)において $\langle EA,t \rangle$ = $\langle spkr,ut \rangle$ であってもよい。このように、認識視点の過去への移動が義務的でないことが、(58)と非難の因果構文の違いだとまとめることができる。

3.6　本章のまとめ

　本章では、因果関係を表す理由文における時制形式の解釈に関して、先行研究で例外とされてきた(1a), (1b)のような例に注目することで、日本語の時制形式の解釈に関して認識視点が重要な役割を果たすことを示した。中心的な主張は、日本語の時制形式が発話時基準（＝絶対時制解釈）、主節の出来事時

基準（＝相対時制解釈）の他に、認識時基準でも解釈されるという点である。

　本章では、まず岩崎（1993, 1994, 1995）に基づいて(1a)のタイプ（「観察」の因果構文）と(1b)のタイプ（「非難」の因果構文）を分け、それぞれの性質についてまとめた。そのうえで、第2章の理由文の分析を適用し、時制解釈に関する(2)の分析を適用することで、例外的とみなされてきた(1a)と(1b)のどちらのタイプの因果構文に対しても適切な分析が与えられることを示した。

　第4章と第5章では、観察の因果構文と非難の因果構文のそれぞれについてより詳細な議論を行う。特に、本章で与えたそれぞれの因果構文の意味論から、どのようにして「観察」や「非難」という（副次的）意味がもたらされるかという点に焦点を当てて論じ、先行研究での他の分析案と本書の分析を比較してゆく。議論においては、時間の推移と認識主体の知識・推論の関係について考察することになる。まず第4章で観察の因果構文を、次に第5章で非難の因果構文を扱う。

第 4 章

観察の因果構文について

4.1 はじめに

　前章では、因果関係を表す理由文の中での時制形式の現れとその解釈について、従来の絶対時制・相対時制解釈による分析では説明できない例を取り上げ、第 2 章で論じた認識視点・視点付き命題の概念と理由文の分析を用いて、時制形式の現れを分析できることを示した。取り上げた例外的な例は、「観察」が関わる因果構文と「非難」が関わる因果構文の 2 種類に分けられた。しかし、前章ではそれぞれの因果構文の形式上の特徴、中でも時制形式の現れを説明することに焦点をおき、意味・解釈の特徴についてはくわしく論じなかった。また、先行研究において提示された分析との比較もなされていない。本章と次の第 5 章ではこれらに焦点をおいて、それぞれの因果構文についてより詳細に論じる。

　まず本章では「観察」が関わる因果構文についてくわしく論じる。観察が関わる因果構文の例は (1) のようなものである。

(1) 　a.　先生が**怒る**から、学生たちは静かにした。
　　 b.　当の私が落ち着いているのに、関係ない彼女が**泣く**のでびっくりし

た。　　　　　　　　　　　　　　　　　（岩崎 1994: p. 113, (3)）

　前章では岩崎 (1994) に基づき観察の因果構文の特徴を(2)のようにまとめた。

(2)　観察が関わる因果構文：
　　a.　主節の主語がノデ節、カラ節の事態を観察し、その観察を理由にして主節で述べられる行動を行っている、ということを表す。
　　b.　副次的特徴：
　　　(i)　ノデ節、カラ節内の述語が、過程を持つ動きを表す動詞である。
　　　(ii)　従属節と主節の主語が異なる。
　　　(iii)　主節の主語が無生物ではない。

　つまり、観察が関わる因果構文は、ある事態のなりゆきを目の前で観察したことが原因となって、意志的因果関係により主節（結果節）で述べられている行為が引き起こされたということを表している。言い換えるならば、事態の観察に動機付けられた行為を述べる文と言える。
　観察の因果構文における時制形式の分布を説明するために、第3章では、日本語の時制解釈に際して、基準時として当該の時制形式を含む節が言及する視点付き命題の認識時が選ばれうると主張した。そのうえで、観察の因果構文では、カラ・ノデ節が言及する事態の出来事時（＝インターバル）と、カラ・ノデ節の認識時（＝インターバル）が一部重なりを持つと分析した。具体的には、認識インターバルと出来事インターバルが(3)の関係を持つとした。

(3)　$s(r) \leq s(e) < f(r) \leq f(e)$　ただし、
　　• $s(r)$：認識インターバルの始点
　　• $s(e)$：出来事インターバルの始点
　　• $f(r)$：認識インターバルの終点
　　• $f(e)$：出来事インターバルの終点

4.1 はじめに | 77

これは、(1)タイプの文が持つ「観察」という特徴を、ある種の同時性として分析しようとしたものである。

　しかし、このようなインターバルの重複だけから観察の因果構文の意味的特徴すべてを説明することはできない。どうして、「観察」という特徴（外界に対する知覚、多くの場合には「見る」という解釈になる）が見られるのか。さらに細かい問題としては、上記(2bii)の特徴がある。どうして従属節（ノデ節・カラ節）の主語と主節の主語が異なる必要があるのだろうか。岩崎(1994)は、「従属節の主語と主節の主語が同一であると、主節の主語なる人物が、同じ本人の動作を（いわば客観的に）観察するわけにはいかず、よってノデ節、カラ節事態が観察を表すことができずルノデ／ルカラ（従属節事態先行型）が不可能となるのである」(p.107)と述べている。しかし、客観的に観察できるか否かがどのように関係するのか。この問題を解決するためには「観察」というのがどのような行為なのかを考察する必要がある。

　本章では、時制形式の解釈を認識視点における知識と結びつけることで、観察の因果構文の特徴が説明できると主張する。観察という行為は知識の獲得方法の1つと位置付けられる。観察の特徴は、外界に存在している出来事を知覚し、その直接体験をもとにして知識を獲得するというものである。つまり、認識主体の知識や予定から導かれた知識ではなく、直接体験に基づく知識獲得である。ここから、認識主体が観察の対象となる事態から独立していることが要求され、(2bii)の特徴につながる。

　議論の流れは以下のとおりである。まず4.2節において、第3章で概説した観察の因果構文の分析をさらに詳細に検討し、必要な修正を加える。特に、カラ・ノデ節において基本形が用いられる際とテイル形が用いられる際の解釈の違いに基づき、アスペクトに関わる特徴も取り込んで基本形・タ形・およびテイル形の意味論を修正する。次に4.3節で、観察の因果構文に対する2つの分析の方向性について論じる。1つは、カラ・ノデの補部を不定節（非時制節）として分析するアプローチである(岩崎1994)。もう1つはカラ・ノデ節の補部を時制節とする分析である。本書では後者のアプローチを採用しているが、4.3節ではその根拠について論じる。最後に4.4節では、観察の因果構

文のカラ・ノデ節を視点付き命題と分析する本書の立場に基づいて、知識との関係からどのように「観察」という解釈上の特徴が導かれるかについて論じる。

4.2　第3章の分析の補足と修正

本節では、観察の因果構文のカラ・ノデ節に現れる基本形とテイル形の比較を出発点として、第3章で与えた基本形の意味論の修正を行う。特に、アスペクト的な特徴を反映させるために、Parsons (1989, 1990)の提案する終了局面（culmination point）を取り入れた意味論を提案する。その後、観察の因果構文のカラ・ノデ節が言及しうる出来事のアスペクト的な特徴が、本節で修正した意味論に基づいて説明できることを論じる。

4.2.1　時制形式の意味論：再掲

第3章では、時制形式（基本形・夕形）について(4)のような分析を与えた。r は時制付与の基準となる基準インターバルである[1]。

(4) a.　$[\![-(r)u]\!] = \lambda r.\lambda P \in D_{\langle v,t \rangle}.\exists e \in D_v.[P(e) \land s(r) \leq s(e)]$
　　b.　$[\![-ta]\!] = \lambda r.\lambda P \in D_{\langle v,t \rangle}.\exists e \in D_v.[P(e) \land f(r) \leq f(e)]$
　　　　（ただし、s は出来事またはインターバルをとってその始点を与える関数、f は出来事またはインターバルをとってその終点を与える関数とする）

この意味論に従えば、述語の基本形で表される出来事と基準インターバルの関係は、出来事に対応するインターバルの始点が基準インターバルの始点

---

[1] 時制・アスペクト形式の意味論を基準時と出来事時の関係として定義する考え方は、田窪 (2006)に従う。また、基準時を時点ではなくインターバルとして扱う立場は Dowty (1977), Bennett & Partee (2004)による。

以後であり、かつ出来事の終了点が基準インターバルの終点より後となる[2]。前章で論じたとおり、基本形の意味論から要求される条件を満たすケースには基準インターバルと出来事インターバルが重なりを持つ場合と持たない場合が存在する。

図 4.1　基本形が表しうる出来事と基準インターバルの関係（＝第 3 章図 3.1）

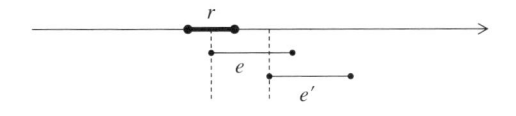

観察の因果構文においてカラ・ノデ節に現れる動態動詞の基本形は、基準インターバルと時間的に重なりを持つような出来事を表していると分析した。

具体例を用いて図 4.1 の 2 つのケースを示そう。

(5)　a.　先生が**怒る**から、学生たちは静かにした。　　　　　　（＝ (1a)）
　　 b.　友だちが**来る**から、マリは部屋を掃除した。

(5a) が観察の因果構文として解釈される場合は、カラ節のとる視点付き命題に対する認識インターバル（認識視点 $\langle students, \tau_1 \rangle$ の τ_1）と、「先生が怒る」という出来事（＝ e_{angry}）に時間的に対応するインターバルが重なりを持つ。いっぽう (5b) の場合は、カラ節に対する認識インターバル（$\langle m, \tau_2 \rangle$ の τ_2）と「友だちが来る」という出来事（＝ e_{come}）が重なりを持たず、e_{clean} は認識視点 $\langle m, \tau_2 \rangle$ にとっての「未来」になる。

(6)　a.　**(5a)**：$s(\tau_1) \leq s(e_{angry}) < f(\tau_1) \leq f(e_{angry})$

---

[2] いっぽう、タ形で表される出来事と基準インターバルの関係は、出来事の終了点が基準インターバルの終点以前となる。

b. **(5b)**：$s(\tau_2) < f(\tau_2) \leq s(e_{come}) < f(e_{come})$

4.2.2　観察の開始・終了時点について：テイル形との比較

　観察の因果構文においてカラ・ノデ節で動詞基本形によって言及されている出来事と主節の事態（出来事・状態）がある種の同時性を持つことは既に論じたとおりである（岩崎 1994, 賈 2001）。ここからすぐに想起される問題点として、進行を表すテイル形を用いた場合の違いがある。つまり、観察の因果構文のようにカラ・ノデ節に動態動詞基本形が現れる場合と、テイル形が現れる場合で、どのような意味・解釈の違いがあるかという問題である。

(7)　a.　先生が**怒る**から、学生たちは静かにした。　　　　（＝(1a)）
　　 b.　先生が**怒っている**から、学生たちは静かにした。

　賈 (2001) は基本形を用いた場合とテイル形を用いた場合の違いについて (8) のような例を挙げ、基本形が用いられる場合には、従属節の出来事が最初から知覚されていることが必要であると述べている。

(8)　a.　赤ちゃんが輪ゴムを<u>かじる</u>ので、お母さんはあわててそれをとめた。
　　 b.　［気が付いたら］、赤ちゃんが輪ゴムを<u>かじっている</u>ので／？輪ゴムを<u>かじる</u>ので、お母さんは慌ててそれを止めた。

（賈 2001: pp. 29–30, (41)）

賈 (2001) はこの点について、(9) のようにまとめている。

(9)　[…]「同時型スル形」[＝(7a), (8a)] は開始限界（始点）を捉えている

が、「同時型シテイル形」〔＝(7b), (8b)〕は開始限界（始点）と終了限界
（終点）をのぞいた進行過程の局面だけを捉えている。（賈 2001: p. 29）

(9)のような特徴は、本書の分析でどのように捉えられるだろうか。前節でま
とめたとおり、本書の分析では観察の因果構文において、認識インターバル
の始点と終点の間にカラ・ノデ節が言及する出来事の開始時点が含まれるこ
とになる。ここから、賈 (2001) のいう「同時型スル形」が始点を捉えている
という特徴は直接に説明することができる。いっぽうのテイル形については、
Igarashi & Gunji (1998), 田窪 (2006), Takubo (2007)に基づき (10) のような意
味論を与えれば、出来事の始点が知覚において捉えられていないことを説明
できる。

(10) 　$[\![\text{-}teiru]\!] = \lambda r.\lambda P \in D_{\langle v,t \rangle}.\exists e \in D_v.[P(e) \wedge s(e) < s(r)]$
(11) 　**(7b)**：　$s(e_{angry}) < s(\tau_3)$

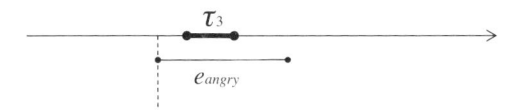

ただし、(10)の意味論では出来事の終点が知覚されていないことを直接説明
することはできない。これを説明できる意味論にするためには、「基本形・タ
形」対「テイル形（およびテイタ形）」のアスペクト的な違いを取り込む必要
がある。

4.2.3　意味論の修正

　基本形・タ形とテイル形のアスペクト的な違いとしては、基本形・タ形で言
及される出来事は全体をひとまとまりに、時間的限界を持つものとして捉え
るのに対し、テイル形では時間的限界を無視して捉えるとまとめられる。こ
のような違いに従い、工藤 (1995) は基本形・タ形を完成相、テイル形（テイ
タ形）を継続相と名付けている。このような限界性に関する違いは英語の単

純時制形と進行形にも見られる。英語の進行形で表される出来事が出来事の時間的限界（＝終了点）の存在を意味的に含んでおらず、その点で単純時制形と性質を異にすることは、例えば 'imperfective paradox' と呼ばれる現象などから明らかである（Dowty 1977, Parsons 1989, 1990）。'Imperfective paradox' とは、例えば(12a)のような進行形の文が真であっても、単純過去の文(12b)が真だという結論が導かれないという現象である。これは、進行形の文は「ジョンが○を書く」という出来事の時間的限界の存在を意味しないためである。

(12) a. John was drawing a circle.
  b. John drew a circle.

時間的限界の存在の有無に関する違いを意味論的に捉える分析として、ここでは Parsons (1989, 1990) を取り上げる。Parsons (1989, 1990) は出来事意味論に基づき、出来事と時点をとる述語として Cul を提案する。$Cul(e, t)$ は「時点 t において出来事 e が終了局面にある（*culminate* する）」ことを表す述語である[3]。Parsons は eventuality の種類を状態（state）、過程（process）、（狭義の）出来事（event）の３つに分けており、eventuality の種類によって一部意味論が

---

[3] Parsons (1989, 1990) は状態および進行形の意味論を分析するために、Hold という述語も定義している。$Hold(e, t)$ は「時点 t において出来事 e が進展局面（*development portion*）にある」ことを表す述語である。本書では以下の理由により、Hold を用いずに Cul だけを用いる。１つは、議論の単純さのために時間的限界の有無に焦点をおくためである。もう１つの理由は、英語の進行形と日本語のテイル形の意味の違いのため、テイル形の分析に Hold という述語を使えないことである。日本語のテイル形は結果状態の持続および経験の用法があるが、英語の進行形にはない。Parsons (1989: p. 222) による英語の進行形の意味論(i)を見られたい。

(i) a. Agatha was crossing the street.
  b. $(\exists t)(t < now \& (\exists e)[crossing(e) \& Subject(e, Agatha) \&$
    $Object(e, the\ street) \& Hold(e, t)])$

$Hold(e, t)$ を用いたこの意味論を日本語のテイル形の分析に適用しても、「時点 t において出来事 e の結果状態が成立している」ことは表せない。

異なるが、状態以外の eventuality の場合、例えば (13a) は (13b) のように分析される[4]。

(13) **Parsons の分析：単純過去** (Parsons 1989: p. 222)
   a. Agatha crossed the street.
   b. $(\exists t)(t < \text{now} \,\&\, (\exists e)[\text{crossing}(e) \,\&\, \text{Subject}(e, \text{Agatha}) \,\&\, \text{Object}(e, \text{the street}) \,\&\, \text{Cul}(e, t)])$

(13b) は「今より前の時点において、Agatha を Subject、「通り」を Object とする crossing という出来事が終了局面をむかえる」という意味になる。'Crossing the street' という出来事は限界性を持つため、出来事全体の中で最後の時点が終了局面になる。いっぽう Parsons (1989, 1990) の定義によれば、eventuality が限界性を持たない過程（process）である（「歩く」など）場合にも終了局面は定義される。その際には、過程を時間的に分割した下位部分となる過程それぞれについて、その最後の時点が culmination の時点とされる。

このような出来事の局面の存在と時間的な位置付け（限界付け）というアイデアに従い、日本語の時制形の意味論を一部修正する。まず、Cul とともに出来事の開始局面を表す Beg を定義する。

(14) 定義
   a. $\text{Beg}(e, t)$ は「出来事 e が時点 t において開始局面にある」ことを意味する。
   b. $\text{Cul}(e, t)$ は「出来事 e が時点 t において終了局面にある」ことを意味する。

---

[4] Parsons (1989, 1990) では広義の出来事という用語を過程と狭義の出来事を合わせた呼び名として用いている。

(15) a. 〚-(r)u〛 = $\lambda r.\lambda P \in D_{\langle v,t \rangle}.\exists t_1.\exists t_2.\exists e.[P(e) \& s(r) \leq t_1 \&$
$\text{Beg}(e, t_1) \& \text{Cul}(e, t_2)]$

　　b. 〚-ta〛 = $\lambda r.\lambda P \in D_{\langle v,t \rangle}.\exists t.\exists e.[P(e) \& t < f(r) \& \text{Cul}(e, t)]$

　　c. 〚-teiru〛 = $\lambda r.\lambda P \in D_{\langle v,t \rangle}.\exists t.\exists e.[P(e) \& t < s(r) \& \text{Beg}(e, t)]$

具体的な出来事の例で示すと(16)のとおりである。

(16) a. 〚[$_{TP}$ マリが橋を渡る]〛 =
$\lambda r.\exists t_1.\exists t_2.\exists e.[渡る(e) \& \text{Subject}(e, マリ) \& \text{Object}(e, 橋)$
$\& s(r) \leq t_1 \& \text{Beg}(e, t_1) \& \text{Cul}(e, t_2)]$

　　b. 〚[$_{TP}$ マリが橋を渡った]〛 =
$\lambda r.\exists t.\exists e.[渡る(e) \& \text{Subject}(e, マリ) \& \text{Object}(e, 橋)$
$\& t < f(r) \& \text{Cul}(e, t)]$

　　c. 〚[$_{TP}$ マリが橋を渡っている]〛 =
$\lambda r.\exists t.\exists e.[渡る(e) \& \text{Subject}(e, マリ) \& \text{Object}(e, 橋)$
$\& t < s(r) \& \text{Beg}(e, t)]$

基本形・タ形とテイル形の違いによる出来事の時間的限界の有無は、$\text{Cul}(e, t)$ が成り立つ時点が存在するか否かによって捉えられている。基本形は認識インターバルの始点以降に「マリが橋を渡る」という出来事の開始局面が成り立つ時点が存在し、また、「マリが橋を渡る」という出来事の終了局面が成り立つ時点がどこかに存在する。出来事の構造上、終了局面は必ず開始局面以降の時点に存在するため、結果的に $s(r)$ 以降のどこかに終了局面が成り立つ時点が存在することになる。いっぽう、テイル形の意味論は $\text{Cul}(e, t)$ が成り立つ時点の存在を主張していない。この意味論によって、テイル形をカラ・ノデ節で用いた(8b)について、「赤ちゃんが輪ゴムをかじる」という出来事の終了局面が捉えられていないことを説明できる。

4.2.4 カラ・ノデ節の出来事のアスペクト的特徴について

　本節では、前節で提示した基本形・タ形の意味論と、観察の因果構文のカラ・ノデ節によって言及される出来事のアスペクト的特徴の関係について論じる。

　(2bi)に示したように、岩崎(1994)は観察の因果構文の特徴として、カラ・ノデ節の出来事が観察可能な過程を持っていることが要求されると主張する。第3章でも取り上げた(17)は、カラ・ノデ節の出来事が観察可能な過程を持たないために、基本形を用いて表すことができないとされる。

(17)　4本の足が月面についたので（*つくので）、おれたちはロケットの噴射をとめた。　　　　　　　　　　　　　　（岩崎1994: p. 5, (15)）

　いっぽう、神永(2001)は、従属節に現れる述語の特徴として決定的なのは、出来事が過程を持つことではなく、限界性を持たないことだと主張する。

(18)　一枚の瓦が飛んできて小母さんの頬の肉を削り取ったので（*削り取るので）、共済病院へ行った。　　　　　（神永2001: p. 35, (26)）

　ただし、これらの特徴は絶対的なものではない。一般的に過程を持たない瞬間的な出来事が原因節に現れていても、観察の因果構文を作れることはある(19a)。また、神永の主張する限界性を持つ出来事についても、観察の因果構文に用いることが可能な場合がある(19b)。

(19)　a.　突然プツッと音がしてテレビの画面が消えるので、健は何が起きたのか分からなかった。
　　　b.　［何をするのだろうと思っていると］ポチがつないでいたひもを引きちぎるので、秋子は慌てて庭に飛び出した。

つまり、観察の因果構文において原因となる出来事が、過程を持った非限界性の出来事である（これは、Parsons 1989，1990 の eventuality 分類における process，Vendler 1967b の activity にあたる）という特徴は、違反不可能な制約によるものではなく、1つの傾向と言える。

この傾向は、前節で述べた時制・アスペクト形式の意味論から説明可能である。カラ・ノデ節の出来事が基本形によって言及される場合には、原因となる出来事と観察時の間に(20)のような関係が成り立つとみなされる。

(20) a. **基本形の意味論に基づいて：**
 $\exists t_1.\exists t_2.[s(r) \leq t_1 \ \& \ \text{Beg}(e_{cause}, t_1) \ \& \ \text{Cul}(e_{cause}, t_2)]$
 b. **タ形との意味的差異によってもたらされる implicature として：**
 $\neg \exists t.[t < f(r) \ \& \ \text{Cul}(e_{cause}, t)]$
 c. **a, b より：**
 $\exists t_1.\exists t_2.[s(r) \leq t_1 \ \& \ \text{Beg}(e_{cause}, t_1) \ \& \ f(r) \leq t_2 \ \& \ \text{Cul}(e_{cause}, t_2)]$

観察の因果構文の場合は文脈的に、観察時と、原因である出来事の時間的位置が同時であることが要求される。このような文脈情報と(20c)によって、観察の因果構文では、原因である出来事の終了局面と観察インターバルの終点が同時として解釈される（図 4.2）。

図 4.2　観察の因果構文における原因の出来事と基準インターバルの関係

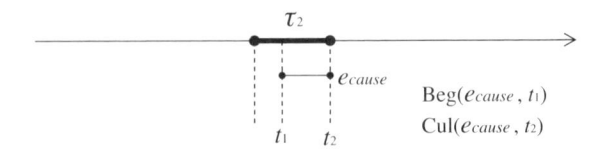

τ_2

e_{cause}

$t_1 \quad t_2$

$\text{Beg}(e_{cause}, t_1)$
$\text{Cul}(e_{cause}, t_2)$

ここで、出来事の本来的な限界性の有無が問題となってくる。「○を書く」「橋を渡る」のように出来事が本来限界性を持っている場合、観察インターバルの終点は出来事の終了局面が位置付けられる時点に一致しなければならない。終了局面が位置付けられる時点は出来事の内部構造によってあらかじめ

決められている。いっぽう、出来事が限界性を持っていない場合、すなわち Parsons (1989, 1990) の「過程」の場合であれば、前節で論じたとおり、終了局面は過程の部分をなす下位出来事のそれぞれについて、その最後の時点におくことが可能である。つまり、「歩く」「笑う」のような限界性のない出来事では、終了局面が位置付けられる時点はいくつも想定が可能であり、そのどれかと観察インターバルの終点が一致すれば観察の因果構文が成立可能と言える。このことから、カラ・ノデ節が限界性のない出来事に言及する傾向が説明できる。瞬間的な出来事が観察の因果構文の原因節に現れにくいのも、瞬間的な出来事には限界性があるためと考えられる。

4.3　不定形分析への批判

　前節では第3章で提案した分析を補足・修正し、本書の分析が観察の因果構文におけるカラ・ノデ節の出来事のアスペクトに関わる特徴をうまく説明できることを示した。しかし、観察の因果構文については本書の分析以外にもアプローチの可能性がある。この章では、岩崎（1994）で提案されている分析の方向性についてまとめたうえで、本書の分析との比較を行う。2つのアプローチの違いは、観察の因果構文のカラ・ノデ節に現れる基本形を、定形として扱うか不定形として扱うかである。

(21)　a.　アプローチ1：定形分析（本書の立場）
　　　　　カラ・ノデ節の補部は定形節であり、意味論的に命題に対応するとみなす。
　　　b.　アプローチ2：不定形分析（岩崎1994の立場）
　　　　　カラ・ノデ節の補部は不定形節であり、意味論的に出来事述語に対応するとみなす。

不定形分析を支持する根拠として、岩崎（1994）は知覚動詞の補文と観察の因果構文のカラ・ノデ節との類似を指摘している。この節では、不定形分析について検討・批判し、本書がとる定形分析を支持する根拠について議論する。

まず 4.3.1 節で、不定形分析の概要を知覚構文と関係付けながら述べる。次に 4.3.2 節で、英語の不定節をとる知覚構文の 1 つである NI report 構文の性質と、本書で取り上げる観察の因果構文の性質を比較し、2 つの構文に対して異なる分析を与えるべきであると論じる。4.3.3 節では、これとは異なる側面から、知覚構文と観察の因果構文の性質の違いを示す。

4.3.1 不定形分析の概要

第 3 章で提案した分析は、観察の因果構文においてカラ・ノデ節に現れる動態動詞の基本形を、単文に現れる場合と同じく非過去形として扱っている。これに対して、岩崎 (1994) は観察の因果構文の基本形を不定形とする立場をとり、この基本形を「知覚動詞の補文に現れるル形［＝基本形］と同じ、動きを概念として差し出しているだけの不定形だと考える」(岩崎 1994: p. 107) と主張している。岩崎の記述に従って意味論を立てるならば、観察の因果構文におけるカラ・ノデ節の基本形は、出来事述語に対応する意味タイプであり、出来事の存在量化や基準時との関係付けを行う、命題に対応する意味タイプではないと分析できる。具体的には、カラ・ノデの補部節を不定節として分析した際の意味論は (22a) のようになり、定節として分析すると (22b) のように分析できる。

(22) a. 〚先生が怒る$_{inf}$〛 $= \lambda e \in D_v.[\textbf{get-angry}(e)\ \&\ \text{Subject}(e, \textbf{teacher})]$[5]
 b. 〚先生が怒る$_{def}$〛 $= \exists e \in D_v.[\textbf{get-angry}(e)\ \&\ \text{Subject}(e, \textbf{teacher})]$

岩崎の分析の根拠は、観察の因果構文と知覚構文との類似である。知覚動詞の補文では、(23), (24) のように基本形を用いて知覚の対象となる出来事を表すことができる。

(23) そのとき自分の吐く息が白く凝りかたまって、一瞬ある姿を形造るの

---

[5] 正確には、「先生」という名詞句に特定あるいは非特定の 2 種類の解釈が存在し、意味論的にも 2 種類に分析できるが、ここでは議論を単純にするため詳細には立ち入らない。

を僕は見た。　　　　　　　　　　　（岩崎 1994: p. 107, 下線原文）
(24)　a.　彩子は、マリがポスターに落書きをするのを見ました。
　　　b.　健は奈緒美がベルを鳴らすのを聞いた。

岩崎は、観察の因果構文に対する「観察」という特徴付けを、知覚と言い換えることが可能だと述べ、観察の因果構文のカラ・ノデ節も知覚動詞の補文と同じく知覚の対象を表しているため、基本形を不定形と分析すべきだと主張する。また、知覚動詞の補文と観察の因果構文のカラ・ノデ節の更なる共通点として、どちらにも丁寧体が現れないこと、主題の「〜は」が含まれないことを挙げ、このような特徴も不定形分析を支持すると述べている。

(25)　a. *彩子は、マリがポスターに落書きをしますのを見ました。
　　　b. ??マリがポスターに落書きをしますので、彩子は捕まえて叱りました。
(26)　（文脈：彩子とマリがケーキを焼いている。彩子はマリにケーキの飾り付けをさせることにした。）
　　　a.　彩子は、マリ {ok が／*は} ケーキに苺をのせるのを眺めていた。
　　　b.　マリ {が／?は}（いきなり）ケーキに苺をのせるので、彩子は苺をどけてクリームを塗るように言った。

岩崎(1994)の議論に反論しうるポイントは、(27)の2点にまとめられる。

(27)　a.　知覚動詞の補文が不定形である（→意味論的に出来事述語に対応する）という分析は正しいのか。
　　　b.　観察の因果構文のカラ・ノデ節が知覚動詞の補文と同じ性質を持つという分析は正しいのか。

以下では、(27a)は正しいと仮定したうえで、(27b)について反論を試みる。すなわち、観察の因果構文のカラ・ノデ節を知覚動詞の補文と同一視できないという議論を展開してゆく。この議論はさらに、ここで用いている「観察」

という概念と「知覚」という概念の違いに関する 4.4 節の議論へとつながる。(27b) への反論は、以下の 2 点から行われる。

(28)　a.　英語の NI report 構文との比較
　　　b.　知覚動詞以外にも不定節をとる動詞が存在することの指摘

まず 4.3.2 節で (28a) について論じ、次に 4.3.3 節で (28b) のポイントについて議論する。

4.3.2　観察の因果構文と NI report との比較

本節では、英語の不定節をとる知覚構文と日本語の知覚構文、および観察の因果構文を、節の透明性という観点から比較し、観察の因果構文を知覚構文と並行的に分析することの不適切さを示す。

4.3.2.1　NI report と透明性

英語では知覚構文の補部に (29a) のような不定節をとることが可能である。このような知覚構文は NI (Naked Infinitive) report と呼ばれる (Barwise 1981, Higginbotham 1983)。

(29)　a.　Russel saw G. E. Moore get shaved in Cambridge.
　　　b.　Russel saw that G. E. Moore got shaved in Cambridge.

(29a) と (29b) の違いは、*see* の補部節の透明性である。NI report の補部は透明な文脈を作るが、*that* を用いた (29b) のような知覚構文は補部が不透明な文脈となる。つまり、NI report の文の場合は (30) のような推論が妥当である。

(30) **NI report** が関わる推論：

1. Russell saw G. E. Moore get shaved in Cambridge.
2. G. E. Moore ＝ the author of *Principia Ethica*.
3. Russell saw the author of *Principia Ethica* get shaved in Cambridge.

'G. E. Moore' と 'the author of *Principia Ethica*' のように、現実世界で同一の個体を指示する語について、(29a) の補文でそれらを入れ替えても解釈は変わらないが、(29b) の補文では解釈が変わる。このような現象に基づいて、Barwise (1981) や Higginbotham (1983) は NI report の補部が意味論的に内包的存在物である命題に対応するのではなく、外延的存在物である状況（Barwise）や出来事（Higginbotham）を指すと分析している[6]。いっぽう、(29b) の補文は命題に対応するものとされる（表 4.1）。

表 4.1　補部の述語と透明性・意味論的対応物

知覚構文の補部の述語	透明性	意味論的対応物
不定 (NI)	透明	状況／出来事
定	不透明	命題

それでは観察の因果構文の性質はどうか。結論から言うと、観察の因果構文において原因節は不透明な文脈を作ると考えられ、NI report とは異なる性質を持つ。以下でくわしく検討してゆこう。

4.3.2.2　観察の因果構文の不透明性

日本語の知覚動詞の補文も、NI report の補部節と同じく透明文脈をなす。現実世界において「田中主任＝F社のスパイ」という関係が成り立っているとき（そして、話し手・聞き手がそのことを知っているとき）には、(31) の 2

---

[6] Barwise の理論は状況意味論と呼ばれる（Barwise 1981, Barwise & Perry 1983）。日本語での解説は白井 (1991: 5 章) にくわしい。

文の一方から他方を推論することが可能である。

(31) a. 開発部の社員が、田中主任が企画書をコピーするのを見た。
 b. 開発部の社員が、F社のスパイが企画書をコピーするのを見た。

このことは、(32a)の対話が自然であること、および(32b)の文が不自然であることからも明らかである。

(32) a. A：「開発部の社員が、田中主任が企画書をコピーするのを見たそうです。」
 B：「じゃあ、F社のスパイが企画書をコピーするのを見た人間がいるということですね。」
 b. ??開発部の社員は、田中主任が企画書をコピーするのを見たが、F社のスパイが企画書をコピーするのは見ていない。

それに対して、観察の因果構文は不透明な文脈をなす。現実世界において「田中主任＝F社のスパイ」という関係が成り立っていて（かつ、話し手・聞き手がそのことを知っていて）も、(33)のように2つの名詞を置き換えると文の解釈は変化しうる。

(33) a. 田中主任がめずらしくほめるので、部下はやる気を出した。
 b. F社のスパイがめずらしくほめるので、部下はやる気を出した。

観察の因果構文の不透明性は、(34)のような対話からも明らかである。

(34) A：「田中主任がほめるので部下はやる気を出して頑張っているようです。」
 B：「そうですか。田中主任がF社のスパイと知っていたら、そんなことにはならないでしょうに。」

⤳ F社のスパイがほめても、部下はやる気を出さない

　よって、知覚の対象となる外延的存在物（状況や出来事）ではなく、観察の因果構文の原因節は内包的存在物に言及すると分析するほうが適切であると考えられる。

4.3.3　不定形をとるその他の動詞

　岩崎（1994）は観察の因果構文と知覚動詞が関わる構文との類似性に基づいて、観察の因果構文を不定形とみなしている。この議論の1つの理解の仕方は、(35b)のように不定節に見える「先生が怒る」とカラ・ノデの間に何らかの定形動詞が省略されていると仮定するものである。岩崎は知覚動詞の補文において基本形が眼前で進行している出来事を表しうることを根拠にして、この ϕ_{verb} が知覚動詞として理解されると主張する。

(35)　a.　先生が怒るから、学生たちは静かにした。　　　　　（＝(1a)）
　　　b.　[$_{TP}$ [$_{VP1}$ [$_{VP2}$ 先生が怒る] ϕ_{verb}]] から、学生たちは静かにした。
　　　c.　[$_{TP}$ [$_{VP1}$ [$_{VP2}$ 先生が怒る] のを見] た] から、学生たちは静かにした。

しかし、不定形をとる動詞は知覚動詞以外にも存在する。

(36)　**知覚動詞以外の不定形をとる動詞：**
　　　a.　ストーカーが郵便受けをこじ開けるのが防犯カメラの映像に写った。
　　　b.　カワセミが魚を捕まえるのを写真に撮った。
　　　c.　今日は学芸会だから、娘が歌を歌うのを録音するんです。

(36)のような例の存在をふまえれば、(35b)において省略されている ϕ_{verb} が例えば「カメラに写る」「写真に撮る」「録音する」などの動詞であると理解されることも可能なはずである。しかし、そのような解釈は自然ではない。

(37a)は(37b)のようには理解しえない。

(37) a. 郵便受けをこじ開けるから、ストーカーは慌てて逃げた。
   b. 郵便受けをこじ開けるのが防犯カメラに写ったから、ストーカーは慌てて逃げた。

よって、観察の因果構文のカラ・ノデ節が不定節であると仮定しても、カラ・ノデ節の出来事に対する認識主体の観察と解釈されることは自明ではない。

4.4 「観察」と知識

4.3 節では、観察の因果構文のカラ・ノデ節に現れる動詞の基本形を不定形と分析することで、(1a)のような文における基本形の現れと観察という解釈上の特徴を説明しようとするアプローチを批判した。不定形分析とは異なり本書の分析では、(1a)の原因節の基本形を「非過去形」と分析している。それでは、この分析から(1a)の解釈に「観察」という要因が関わることはどのようにして説明されるのだろうか。本節では、この点について議論する。

第3章の分析で、観察の因果構文が意志的因果関係について述べた文であること、それゆえ、カラ・ノデ節の補部は認識や知識が関わる視点付き命題に言及すると考えられることについて論じた。3.5.1 節の分析を再掲する。

(38) a. 先生が怒るから、学生たちは静かにした。　　　　(= (1a))
   b. [$_{saP}$ [$_{SenP}$ [$_{AdvP}$ [$_{SenP}$ 先生が怒る ϕ_{sen0} $_{\langle students, t_1 \rangle}$ から]、
      学生たちは静かにした]$_{\langle spkr, ut \rangle}$]^c
      　　　　　　　　　　　　　　　　　　　　(= 第 3 章, (35))

(39) $K_{\langle spkr, ut \rangle} \ni$ **if** '$K_{\langle students, t_1 \rangle} \ni$ 先生が怒る' **then** '学生たちが静かにした'
   かつ
   $K_{\langle spkr, ut \rangle} \ni \quad K_{\langle students, t_1 \rangle} \ni$ 先生が怒る　　　　(= 第 3 章, (36))

(39)で示されているとおり、本書の分析では観察の因果構文の意味の一部

として、カラ・ノデ節で言及されている命題（上の例では「先生が怒る」）が認識視点にとっての知識に含まれていることを要求する。筆者はこの知識に関する要求が時制形式の意味論と組み合わされることによって、「観察」という解釈上の特徴がもたらされるのだと主張する。

　主張の前提として、まず一般的にわたしたちが知識を持っているというときの基盤や根拠となるものについて考察する。特に、モーダル要素をともなわない文によって表されるような「確かな」あるいは「確信度の高い」知識の基盤について整理する。この議論に基づいて、観察の因果構文のカラ節の基本形がなぜ「観察」として理解されるのかを、知識の獲得過程との関係で考察する。

4.4.1　「知識」の基盤と過去・現在・未来

　観察の因果構文においてカラ・ノデ節には基本形が現れる。これは、時制形式として非過去形を表すとともに、モーダル要素や証拠性表現をともなわないことから、不確かな部分を含む推論に基づく知識ではなく「確かな」知識を表すと考えられる。ここで少し一般的に、わたしたちが確かな知識を持っているときの、知識の基盤、知識の得られ方について考察する。つまり、(40) のような情報があるとき (Cf. (41))、$\langle EA, t \rangle$ の知識の状態と知識を裏付ける基盤がどのように理解されるかという点である。

(40)　a.　$K_{\langle EA,t \rangle} \ni$ マリは橋を渡った
　　　b.　$K_{\langle EA,t \rangle} \ni$ マリは橋を渡る

(41)　a.　$K_{\langle EA,t \rangle} \ni$ マリは橋を渡ったかもしれない
　　　b.　$K_{\langle EA,t \rangle} \ni$ マリは橋を渡るようだ

　ここでは、田窪 (1990, 1992, 1993, 2006, 2010) などで提案されている談話管理理論と有田 (2004, 2007) の既定性 (settledness) に基づいて知識状態を整理する。談話管理理論は言語表現を談話の初期値となる知識状態から別の状態へと変化させるものと捉える。談話の初期値として設定される要素は、いわば

談話管理を行う認知主体が談話に際して「既に知っている」要素である。命題について考えるならば、話し手が直接知っている命題ということになる。田窪(2006: pp. 9–10)はこれを **D-命題**と呼んでいる。また、命題に対する別の分類基準として、真偽が既に決まっているものと、真偽がまだ定まっていないものという分け方もある。田窪(2006: pp. 10–12)では真偽が既に決まっている命題を **R-命題**、決まっていない命題を **I-命題**と呼んでいる。真偽が決まっているか否かと命題が言及する時間との関係を考えると、過去と現在に関する命題は(わたしたちが真偽について知っているかどうかは別にして)その性質上必ず真偽が決まっているが、未来に関する命題は、少なくともわたしたちの直観では真偽が決まっていない。ただし、未来に関する命題のいくつかはわたしたちの予定や何らかの規則によって、真偽が決まっていると考えることができる。

　談話管理理論における分類は談話の進行と初期値の変更に注目しており、その点で発話行為のレベルでの分類と言える。有田(2004, 2007)では同様の分類が談話の進行のレベルに限定されず一般的になされている。有田(2004, 2007)は Kaufmann (2005)に従い「真偽が決まっている」という用語ではなく「既定的である(settled)」という概念を用いており、過去と現在に関する命題は必ず**狭義に既定的**であり、未来に関する命題のうち、他の既定的な命題のいくつかから論理的に含意されるような命題は、**既定が見込まれる命題**であると定義している。有田(2004, 2007)の定義では、既定性は認識主体の知識とは関係なく命題そのものの性質として定義されるが、有田はそのうえで「どのような命題が知識に含まれうるか」も定義している。有田の定義では、ある時点において知識に含まれる命題は、その時点で既定的であるか、既定が見込まれる命題に限定される。

　田窪(2006)および有田(2004, 2007)の議論・定義を参考にしつつ、命題の種類を図式的にまとめると、図 4.3 のようになる。

　図 4.3 の太線で囲まれた部分が、「確かな」知識に含まれる命題を表す。よって、「確かな」知識、つまりモーダル要素や証拠性表現なしの文で表しうるような知識は(42)の 3 種類に分けることができる。

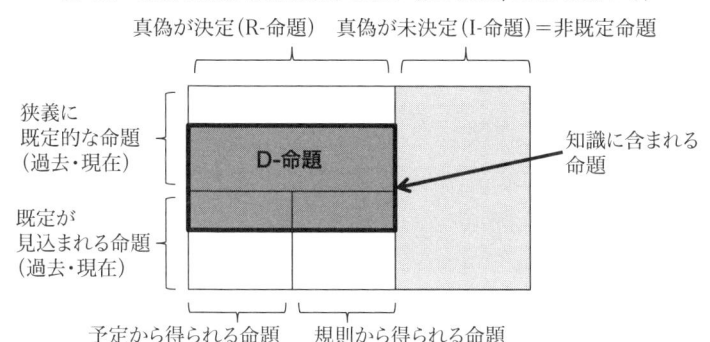

図 4.3 命題の分類（田窪 2006 および有田 2004, 2007 に基づく）

```
              真偽が決定(R-命題)   真偽が未決定(I-命題)＝非既定命題
狭義に
既定的な命題  ┌──────────┬──────────┐
（過去・現在）│  D-命題    │          │←知識に含まれる
              │            │          │   命題
既定が        │            │          │
見込まれる命題│            │          │
（過去・現在）└──────────┴──────────┘
              予定から得られる命題  規則から得られる命題
```

(42) a. 直知（直接体験）によって当該の命題が得られた場合。
 b. 予定によって当該の命題が得られた場合。
 c. 他の事実と規則（に関する知識）から当該の命題が得られた場合。

特に、過去・現在・未来の事柄に関する知識がそれぞれどのような方法によって得られるかを考えると、(42a)の直知により得ることができる命題が過去および現在に関するものに限られるとするのは、自然な想定である。これは、未来の出来事や事柄をわたしたちが直接に体験することができず、それゆえ、直知によってそれらについての知識を得ることはできないためである[7]。未来に関する確かな知識を持っている（とわたしたちがみなし、モーダル要素などをともなわない言明で表現する）のは、(42b)のように予定から知

---

[7] 未来の出来事や事柄を直接に体験できないという見方をとることは、「未来の出来事や事柄が世界に存在しているか否か」という哲学的問題に対して特定の立場をとることとは独立した問題である。本書は、未来に対する非決定論的／決定論的見解のどちらかを選ぶことはしない。対して、有田 (2004, 2007) は、Kaufmann (2005) の分析に基づいて、未来に対する非決定論的な見方をとり、枝分かれ未来 (branching future) モデルを採用している。このモデルでは、未来に関する命題は複数の可能世界に関係するものとみなされ、過去・現在に関する命題のようには現実世界における真偽が決められない。結果として、(42a)の直知により得ることができる命題は、過去および現在に限られるものと想定することになる (Thomason 1970, 1984, Dowty 1977)。

識が得られた場合か、あるいは(42c)のように他の事実と規則から知識が得られた、つまり既存の知識に基づく確信度の高い推論によって知識が得られた場合のどちらかであることになる。

4.4.2　なぜ「観察」が関わるのか：基本形で表される知識

　前節における知識の分類に基づいて、本節では観察の因果構文の解釈にどのようにして「観察」という要因が関わるのかについて考察を行う。

　本書で提案する基本形の意味分析、およびSenPという構造と視点付き命題との対応に基づけば、基本形がモーダル要素や証拠性表現をともなわずに現れるようなSenPを意味解釈すると、「何らかの認識主体が、その主体にとっての「非過去」＝「現在」あるいは「未来」についての命題を知識内にもっている」という内容として解釈されることになる。具体例で示そう。(43a)の節の意味表示は(43b)のようになり、(44a)は(44b)のようになる。

(43)　a.　[$_{SenP}$ [$_{TP}$ 健は東京へ行く]]$_{\langle EA,t \rangle}$
　　　b.　$K_{\langle EA,t \rangle} \ni \exists t_1.\exists t_2.\exists e.[行く(e) \& Subject(e,健) \& To(e,東京)$
$\& s(r) \leq t_1 \& Beg(e,t_1) \& Cul(e,t_2)]$

(44)　a.　[$_{SenP}$ [$_{TP}$ 先生が怒る]]$_{\langle EA,t \rangle}$
　　　b.　$K_{\langle EA,t \rangle} \ni \exists t_1.\exists t_2.\exists e.[怒る(e) \& Subject(e,先生)$
$\& s(r) \leq t_1 \& Beg(e,t_1) \& Cul(e,t_2)]$

　出来事の開始局面が t_1 に、終了局面が t_2 に位置付けられるとする。すると、基本形の意味論によって t_1, t_2 がどちらも基準インターバル内に位置付けられるケース（$s(r) < t_1 < f(r)$ かつ $f(r) = t_2$）と、少なくとも一方が基準インターバルの終点以降になる場合が存在する。

　視点付き命題内部での時制解釈の基準となる基準インターバルとはすなわち、当該の視点付き命題の認識視点にとっての「現在」である。よって、ある命題が言及している出来事の開始局面あるいは終了局面が基準インターバルの終点以降に位置付けられると、認識視点にとっての未来であることにな

り、その命題は予定あるいは推論に基づく知識として理解される。それに対して、開始局面・終了局面の両方が基準インターバル内にある場合、問題となっている命題は現在の直接体験に基づく知識と解釈されうることになる。これで、「観察」の持つ同時性・現場性を捉えることができる。

ただし、まだ「観察」のすべての特徴を説明できたわけではない。最後に残っているのは、特徴(2bii)で指摘されている観察対象の外在性である。関係する部分をここに再掲する。

(45) 観察が関わる因果構文：
 a. 主節の主語がノデ節、カラ節の事態を観察し、その観察を理由にして主節で述べられる行動を行っている、ということを表す。
 b. 副次的特徴：
  （ii）従属節と主節の主語が異なる。 ((2)より抜粋)

この特徴について、本章のここまでの分析に基づけば次のような説明が与えられるのではないか。すなわち、主体は自分自身の行動については多かれ少なかれ、事前の予定あるいは予測を持っていると考えられる。しかし、基本形が現在の出来事に言及している場合、その知識は認識視点が現在、直接体験によって初めて手に入れている情報として表されることになる。この「今まさに知識を獲得している」という点と、自己の行動に関しては常に予定・予測が存在するという点が合わないため、基本形で現在の出来事が表される場合には「主体の外部に存在する出来事を、今まさに直接に体験して情報を得ている」という解釈になるのではないか。これが、「観察」という解釈上の直観的特徴につながるのだと考えられる。

4.5　本章のまとめ

本章では、第3章で提示した観察の因果構文の分析についてより詳細に議論を行い、基本形の意味論の修正と先行研究との比較検討を行った。また、「観察」という行為を知識獲得の一方法として位置付けることで、観察の因果構

文における観察対象の外在性を説明しうることを論じた。

第5章

非難の因果構文について

5.1 はじめに

本章では、第3章で取り上げた「非難」という副次的意味を持つカラ文（非難の因果構文＝岩崎1994の「ルカラ～ノダ。」類の文）について、よりくわしい議論を行い、先行研究の分析と比較して本書の分析の優位性を示す。第3章で非難の因果構文の代表的な例として挙げたのは(1)(＝第3章(23))であった。また、非難の因果構文の特徴は(2)のとおりまとめられる（第3章(31)より再掲）。

(1) a. 健は昨日山ほど**食べる**から、お腹が**痛くなる**んだ。
　　b. あのときあいつに**出会う**から、待ち合わせに**遅れた**んだ。
(2) **非難が関わる因果構文**：
　　a. カラ節の主語を非難したり、バカにしたりする否定的なニュアンスがある。
　　b. 従属節・主節のどちらにおいても、基本形が過去の出来事に言及可能である。
　　c. 文末にノダが要求される。

  d. カラは使用可能だが、ノデを用いると容認度が下がる。

 (2)のうち(2b), (2c)の特徴については、時制形式が認識視点を基準時としうるという分析、および視点付き命題の解釈において用いられる認識視点がノダの補部において発話時の話し手以外の視点に転換できるという分析を第3章で示した。残りの(2a), (2d)の特徴についてはくわしく論じなかった。
 本章の主な論点は次の2点である。

(3) a. 論点1 : **先行研究との比較**
   先行研究では、非難の因果構文に現れる動詞基本形の分析として、「基本形が総称時制を表す」という**総称アプローチ**(沈1984, 大塚2006, 幸松2006)と、「基本形は「未来」時制を表すが、時制形式決定の基準となる視点が移動しうる」という**視点アプローチ**(有田1997, 樋口2001, 宇野・池上2006, Uno 2007, 2009)の2種類がある。本書の分析は視点アプローチに基づいたものである。総称アプローチと視点アプローチのどちらか一方を支持する根拠はあるか。
 → <u>視点アプローチの優位性</u>を示す経験的根拠について5.4節で論じる。
 b. 論点2 : **副次的意味の来歴**
   (1a)が持つ「カラ節の出来事を引き起こした主体を非難」する否定的なニュアンスはどこからもたらされるのか。このような副次的意味は、論点1で論じた因果構文の時制形式の分析によって説明できるか。
 → 否定的ニュアンスは本書の分析によって説明可能である。<u>過去・現在に関する知識と未来に関する知識の性質の違い</u>が副次的意味に関係すると考えられる。5.6節で論じる。

(3a)は第3章で示した分析の裏付けを行うものである。いっぽう、(3b)は上の(2a)の特徴に関係するものである[1]。

まず5.2節で、非難の因果構文が持つ副次的意味について詳細に検討する。次に、5.3節で先行研究において提示されてきた2種類のアプローチをまとめる。そのうえで、5.4節において、視点アプローチを支持する本書の立場の根拠として、過去の知識状態の違いが非難の因果構文の適切性に影響を与えることを、文脈を設定した例を用いて示す。これらの議論に基づき、5.5節では、認識視点を用いた非難の因果構文の分析を提示する。5.6節では、非難の因果構文が持つ否定的ニュアンスが本書の分析とどう結びつくかを考察する。

5.2　副次的意味の詳細

先行研究の検討をする前に、本節で非難の因果構文が持つ否定的ニュアンスについて少しくわしく見ておく。第3章で示したとおり、非難の因果構文には話し手が誰かを非難したり、バカにしたりしているという副次的な意味があるため、(4a)のように通常好ましいと考えられる事態に言及すると不自然になる。カラ節と主節がどちらもタ形である(4b)では、好ましい事態に言及することも可能である。好ましくない事態であれば(5a)のように、非難の因果構文で述べることができる。

(4)　a. #中山さんは泥棒を**捕まえる**から、警察から感謝状を**贈られる**んだ。
　　　b.　中山さんは泥棒を**捕まえた**から、警察から感謝状を**贈られた**んだ。
(5)　a.　中山さんは泥棒で**捕まる**から、奥さんに**離婚される**んだ。
　　　b.　中山さんは泥棒で**捕まった**から、奥さんに**離婚された**んだ。

文脈や発話状況さえ整えば、様々な表現に非難のニュアンスを「持たせる」ことは可能である。しかし、非難の意味なしで用いることができないというのはこのタイプの因果構文の顕著な特徴と言える。

---

[1] 本章の議論はTamura (2009)の内容に補足・修正を加えたものである。

また、従属節・主節の事態がともに過去の事態であれば、従属節・主節のどちらか一方のみが基本形であっても、否定的なニュアンスが必須になる。

(6)　（「泥棒を捕まえる」「感謝状を贈られる」を<u>発話時以前</u>の出来事として解釈した場合）
　　a.＃中山さんは泥棒を**捕まえる**から、警察から感謝状を**贈られた**んだ。
　　b.＃中山さんは泥棒を**捕まえた**から、警察から感謝状を**贈られる**んだ。

ここまでは第3章でも論じたことである。以下では非難の因果構文が持つ否定的ニュアンスの性質の詳細を検討する。

　先行研究では、否定的ニュアンスについてどのような記述、説明がなされているだろうか。岩崎（1994: p. 105）は「主節事態がその文の発話者にとって望ましくないものであり、その原因となるカラ節に差し出される事態に対して、カラ節の主語なる相手を非難するニュアンスがある」と一般化している。この記述には大きく分けて2つのポイントが含まれている。1つは、否定的ニュアンス（「非難」）がどの対象に向けられているかという点である。岩崎の一般化ではこれは「カラ節の主語」とされている。もう1つのポイントは、なぜ否定的ニュアンスがもたらされるのか、に関する部分である。岩崎の記述では、「主節事態が発話者にとって望ましくない」ことが要因とされる。しかし細かく見てゆくと、この一般化には修正が必要である。

　まず、「非難」を受ける対象について考える。(1a)はカラ節と主節の主語が同一の例であり、否定的ニュアンスは「健が昨日山ほど食べるという行為をしたこと」に向けられる。直観的には、非難されているのは「健による行動の決定」であり、「健は昨日山ほど食べたりするべきではなかった」ということを話し手が表現しようとしていると理解される。いっぽう、(1b)の文もカラ節と主節の主語が同一と解釈できるが、否定的ニュアンスの向けられる対象が異なる。カラ節・主節の主語を「話し手」と解釈することにしよう。この場合、否定的ニュアンスは「話し手があいつに出会うという出来事が起こったこと」に向けられる。非難の対象は「話し手の行動決定」ではない。むし

ろ、「話し手のめぐり合わせ、運の悪さ」や「そのようなめぐり合わせをもたらした運命」に対する否定的ニュアンスである。

このような違いは、カラ節が言及する出来事が制御可能な行為であるか否かとある程度相関する。制御可能な行為であれば、出来事の成立を制御しうる主体が非難を受け、制御可能な行為でなければ、行為主体そのものが非難を受けるとは限らない。

また、カラ節と主節の主語が別であれば、非難される対象はカラ節の主語（あるいはカラ節の出来事を成立させた運命）となる。

(7) a. 山村はバカな奴だ。昨日山村が廊下に油を**こぼす**から、田中が**転**ぶんだ。
　　b. ??田中はバカな奴だ。昨日山村が廊下に油を**こぼす**から、田中が**転**ぶんだ。

(7)ではカラ節において言及されている「油をこぼす」という行為は「山村」にとって意図的なものではないかもしれないが、山村が注意を払えば制御できる行為である。そのため、「山村」が非難の対象として理解される。

特に動作主が想定されないような出来事・事態がカラ節で述べられている(8)と、非難の対象は特定の主体とはならず、例えば「運命」のような出来事の発生をもたらすものに対する非難としてしか理解できなくなる。このような文は、「非難したり責任を問うたりしても仕方ない対象を責めている」と理解され、あまり自然でないと判断される事もあるが、実際にはしばしば用いられる。

(8) ?急に雨なんか**降る**から、滑って**転**ぶんだ。

まとめると、否定的ニュアンスが向かう対象は、第一義的には「カラ節で述べられている出来事」である。そこから、その出来事が行為主体によって制御可能とみなされる場合には行為主体に、制御不可能な場合には出来事を発

生させた世界のあり方(「運命」や「神」など)に対して、否定的態度が向けられることになる。

次に、なぜ否定的なニュアンスがもたらされるのかについて検討する。岩崎(1994)は「主節事態がその文の発話者にとって望ましくないもの」と一般化しているが、主節事態は必ずしも発話者にとって望ましくないものとは限らない。(9)の主節で述べられている「相手チームが発話者のチームに負ける」という出来事は、発話者にとってはむしろ望ましいものである。この出来事が望ましくないのは、相手チームの監督や選手、関係者たちにとってである。

(9) あのチームの監督といったら……、土壇場で選手を**交代する**から、おれたちのチームに**負ける**んだよな。

よって、発話者にとっての望ましさが否定的ニュアンスをもたらす要因になっているという一般化は適切でない。

また、宇野・池上(2006), Uno (2009)は、発話者の予測不可能であるという感覚が否定的ニュアンスとして現れると述べている[2]。しかし、(10)からも分かるように、予測不可能であるかどうかと否定的なニュアンスがあるかどうかは別の要因として分けられる。「やっぱり」は発話者にとって出来事が予想の範囲内にあることを示す副詞である。つまり、「阪神が負ける」という出来事は発話者にとって予測不可能であったわけではない。

(10) 阪神は今日も<u>やっぱり</u>負けた。投手をころころ**交代する**から**負ける**んだ。

---

[2] Uno (2009: p. 34)の該当する記述部分は以下のとおりである(例文番号は原文ママ)。

If there is no space for a speaker to feel unexpectedness (as a negative nuance), a tense-suspended *kara* clause is impossible.

(20) * tobidasu$_{P-D}$ *kara*   *kare wa*   tasukat-ta$_{P-M}$.
　　　run.out   because he   TOP survive-PAST
　　　'He survived because of his dashing out into the road.'

よって、宇野の指摘も正しいとは言えない。

　それでは、「非難」という否定的なニュアンスはどこから得られるのだろうか。筆者は、本書の意味論的分析に基づいて否定的ニュアンスをもたらす要因も説明できると考える。この点については、5.6 節で再び議論する。5.6 節の議論は非難の因果構文の意味論が、未来についての人間の知識のあり方と相関することによって、否定的ニュアンスがもたらされるとするものである。この点に進む前に、非難の因果構文の意味論について、第 3 章で示した分析をより深めた議論を行う。まず 5.3 節で、先行研究が提案する非難の因果構文の分析を整理する。次に 5.4 節で非難の因果構文の使用の適切性と発話者の知識の関係を観察し、本書の分析の優位性を示す。5.5 節では 5.3 節、5.4 節の議論をふまえて、非難の因果構文に対する本書の意味論分析を再度整理して示す。

5.3　先行研究：総称文分析と視点分析

　(1)のような非難の因果構文に対して具体的な分析を与えた先行研究はそれほど多くない。アプローチは主に 2 つの方向性に分けることができる。すなわち、(A) 総称文分析、(B) 視点による分析である。以下、2 つのアプローチについて概観しよう。

5.3.1　総称文分析

　総称文分析は、(1)のような文で動詞の基本形が現れる要因を、この文が一般的な論理関係を述べていることに求める立場である。これは、(11), (12)のように、日本語の述語基本形が現在の総称的・習慣的な事柄に言及できることを根拠としている。

(11)　a.　鳥は空を**飛ぶ**。
　　　b.　太陽は東から**昇る**。
(12)　a.　晴れた日は鴨川沿いを**走る**。
　　　b.　毎朝ヨーグルトを**食べる**。

この立場をとる先行研究は、沈 (1984),大塚 (2006),幸松 (2006)が挙げられる。沈 (1984)は(1a)のような例を「脱テンス」として扱い、「前節と後節の意味関係の論理的な面が強調されることによって、時間的関係の面が裏にひっこんでしまうようなものである」(沈 1984: p. 34)と述べている。大塚 (2006)ではこのような基本形を総称的、あるいは習慣的な用法とみなしている。また、幸松 (2006)は工藤 (1987)を参考にして、基本形の現れを「テンス・アスペクトの変容」とみなし、基本形が現れる要因を「因果的な推論を一般化させて述べている」(幸松 2006: p. 90)ことに求めている。しかし、これらの先行研究では(1a)内の動詞基本形が具体的にどのような意味表示に対応するかは述べられていない。

また、(1a)の例は総称文分析に対するより根本的な問題を提示する。この文には「昨日」のような直示的な時間副詞が含まれているためである。特定の過去の時間を指す「昨日」、「一昨日」、「先週」、「去年」などの副詞が含まれている場合、基本形を用いて総称的言明や習慣的な事態についての言明をすることはできない。

(13) a. (過去の習慣として)
去年、晴れた日は鴨川沿いを {*走る／^{ok}走った}。
b. 昨日雨が {*降る／^{ok}降った} なら、洗濯物がぬれて大変なことになっただろう。

もう1つの問題点は、非難の因果構文の使用の適切性に関する制約について検討することで明らかになる。これは、5.4節でくわしく論じる。

5.3.2 視点分析

視点による分析は、基本形を非過去時制を表すものとして捉えたうえで、時制解釈の基準点を、発話時や主節の出来事時以外の「視点」に転換することが可能とする分析である。本書もこのアプローチを採用する。このアプローチをとる先行研究としては、有田 (1997),樋口 (2001),宇野・池上 (2006),Uno

（2009: 2 章）が挙げられる。

　有田 (1997)は条件表現を主に扱ったものであるが、本節で取り上げる因果構文についても言及が見られる。有田の分析では、条件節によって設定される仮定的な認知的領域にも基準点が設定され、原理的には現実世界の発話時（ST）と仮定的領域の基準時（RT）のどちらも時制形式選択の基準になることができる。しかし、(14)の規則によりどちらが基準になるかが決定される。

(14)　仮定的領域が焦点化する場合には RT が基準になり、現実世界が焦点化する場合には ST が基準になる。

(14)によると、(15a)では現実世界が焦点化されていることになり、(15b)では仮定的領域が焦点化されていることになる。これによって、(15a)のほうが蓋然性の高い判断、(15b)のほうが仮定性の高い判断を表すことが説明される。

(15)　a.　明日太郎が行くなら、花子も行くだろう。（有田 1997: p. 28, (30)）
　　　b.　明日太郎が行ったなら、花子はとびあがって喜ぶはずだ。
　　　　　　　　　　　　　　　　　　　　　　　（有田 1997: p. 28, (32)）

原因・理由表現の場合は、条件表現と異なり仮定的領域は導入されないが、非難の因果構文の場合には先行する談話の過程で設定された認知的領域の基準点によって時制が選択されている。そのため、その領域が焦点化されて、現実の領域が背景化されると述べている。

　いっぽう、宇野による分析（宇野・池上 2006, Uno 2009）は、メンタルスペース理論(Fauconnier 1985, 1997)を用いた Cutrer (1994)の時制分析理論に基づく。Cutrer (1994)の表記法の例を次ページの図 5.1 に示す。単純に言うと、V-POINT は FOCUS されたスペースに対する基準時に対応する。

110 | 第 5 章　非難の因果構文について

図 5.1　Cutrer (1994) による過去形の視点構造

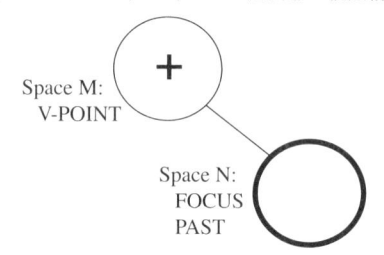

Space M:
V-POINT

Space N:
FOCUS
PAST

PAST in Curter (1994)
(Uno 2009: p. 37, Fig. 2.6)

　宇野は Cutrer (1994) の分析に心的アクセスの可能性という要素を付け加える。宇野の分析によれば、通常の原因・理由を表す用法（Sweetser 1990 の内容的読み content reading）では従属節事態スペース（図 5.2 の E-S）に発話者が直接心的アクセスをとることができないが、非難の因果構文では話者が従属節事態に対して特別な心的態度をとっているために、例外的に発話の場からの心的アクセスが可能になり、その結果として従属節に動詞基本形が現れると分析される。宇野による通常の因果用法と非難の因果構文の視点構造を図 5.2 に示す。この図では、心的アクセスが矢印で表されている。

図 5.2　Uno (2009: p. 39) による理由文の視点構造（Perspective structure）

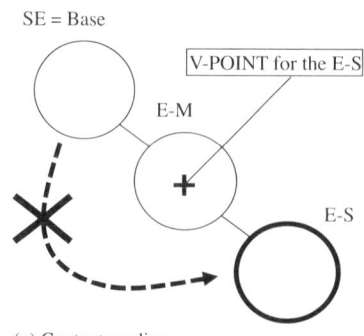

SE = Base

V-POINT for the E-S

E-M

E-S

SE = Base

E-M

V-POINT for the E-S

E-S

(a) Content reading
　　(Uno 2009: p. 38, Fig. 2.7 (a))

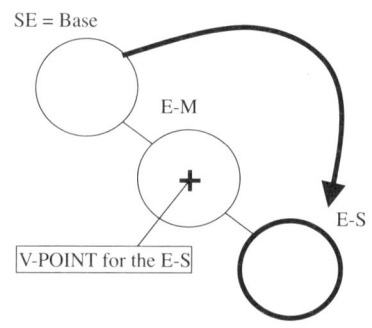

(b) SAC-2
　special access to the cause by the speaker
　　(Uno 2009: p. 39, Fig. 2.8 (b))

　有田と宇野の分析は、認知的・心的領域を導入する点で興味深いが、具体

的な分析には問題が残る。有田の分析では、発話時点とは別の認知的領域に基準点を設定することで時制形式の現れは説明できるが、認知的領域の焦点化から「非難」の副次的意味が導かれる過程が明らかではない。宇野の分析は心的アクセスという概念を用い、「非難」という心的態度を時制形式選択の要因とみなす。しかし、心的アクセスがなぜ、どのようにして時制形式の選択と結びつくのかは明確でない。

　これらの分析の問題点は、時制解釈の基準点、あるいは視点（V-POINT, perspective）がどのような働きを持つものであるかについての考察が充分でないことである。特に視点という概念は、Iwasaki（1993）, 田窪（1997）, Oshima（2006）などが指摘するとおり、空間・時間などの直示的表現の基準、心的態度や評価の保持者、知識の保有者、共感（empathy）関係など、多くの要因に対して用いられてきた。広い概念であり多くの現象に関係するが故に、どの要因が本質的であるのかが見定められないままになっている場合も多い。基本形と「非難」の副次的意味が結びつく過程を詳細に検討することが必要である。

　筆者は非難の因果構文の分析についても認識視点、すなわち知識の保有者としての「視点」を用いることが有効と考える。第3章の分析もこの考え方を基礎としている。総称文分析ではなく視点分析を採用し、かつ、知識の保有者としての視点を分析の中心に据える根拠として、次節では非難の因果構文を発話する際に、主体の知識状態、特に過去の時点における知識状態が、発話の適切性に影響するという事実を指摘する。

5.4　知識状態と非難の因果構文

　本節では、過去の知識状態が非難の因果構文を使用する際の適切性に影響を与えることを示す。以下で示す非難の因果構文の適切性についての条件をあらかじめ述べると、次のとおりである。

(16)　**非難の因果構文の使用条件 I：**
　　　非難の因果構文は、そこで言及されている事態のなりゆき（結果とな

る出来事の発生）が、出来事が実際に発生する前の知識状態から予測可能である場合のみ、適切に使用できる。

事態のなりゆきが予測可能であるという条件を、より具体的に述べると(17)のようになる。

(17) 非難の因果構文の使用条件 I'：
「P カラ Q ノダ」という非難の因果構文が適切に使用できるのは、P で言及されている出来事が発生する前の知識状態に
a. 「$\mathscr{P}$ という性質を持つ出来事が $\mathscr{Q}$ という性質を持つ出来事を引き起こす」という因果関係、および
b. P で言及されている出来事が性質 $\mathscr{P}$ を持つこと
が含まれているときのみである。
（ただし、$\mathscr{Q}$ は Q で言及されている出来事が持つ性質）

次節以降で、それぞれの使用条件について例を用いて示そう。まず5.4.1節で(17b)の条件について、5.4.2節で(17a)の条件について論じる。

5.4.1　原因となる出来事についての知識が問題になる場合

(18)のようなシナリオを考えよう。

(18) 白雪姫―シナリオ A：
1. 白雪姫が死んだ。
2. 死因を不審に思った小人たちが、残されていたリンゴの成分調査をした。
3. 調査の結果、リンゴに毒が含まれていることが判明した。

このシナリオにおいて、動詞の基本形「食べる」「死ぬ」を用いた(19)を用いることは不適切である。

(19) *白雪姫は、毒リンゴを**食べる**から、**死ぬ**んだ。

同じ状況でも、動詞の過去形「食べた」「死んだ」を用いた (20) は適切に用いることができる。

(20) 　白雪姫は、毒リンゴを**食べた**から、**死ん**だんだ。

　いっぽう、(21) のようなシナリオではどうだろうか。

(21) 　**白雪姫―シナリオ B:**
　　1. 白雪姫が見知らぬ老婆からリンゴを買った。
　　2. 怪しく思った小人たちが、リンゴの成分調査をした。
　　3. 調査の結果、リンゴに毒が含まれていることが判明した。
　　4. 小人が調査結果を白雪姫に伝えた。
　　5. 白雪姫がそのリンゴを食べて死んだ。

この状況であれば、基本形を用いた (19) も適切に用いることができる。

　2つのシナリオにおいて (19) の適切性の違いをもたらす要因は何か。重要なのは、談話参与者（話し手・聞き手）、文中で言及されている人物たち（以下、「登場人物」と呼ぶ）などの知識状態がどのような変遷をたどってきたかである。例えば、上述の2つのシナリオでは、前件で言及されている「(白雪姫が) 毒リンゴを食べる」という出来事が発生するより前の段階での登場人物の知識状態が決定的な役割を果たす。問題を単純にするため、2つのシナリオはどちらも登場人物間の知識状態（シナリオに関係する部分）に差がない状況を設定している。

　まずシナリオAを考えよう。白雪姫がリンゴを食べた時点を t_{eat}、白雪姫が死んだ時点を t_{death}、リンゴに毒が入っているという調査結果が出た時点を t_{poison} と表記する。時点 t における知識を命題の集合 K_t によって表す。「…」は集合内の他の命題を省略した表記である。すると、シナリオAにおける白

雪姫と小人たちの知識状態の変遷は (22) のようになる[3]。

(22) 白雪姫—シナリオ A における知識状態の変遷：
$K_{t_i} = \{…，人間は毒リンゴを食べれば死ぬ（一般的言明），…\}$
$K_{t_j} = K_{t_i} \cup \{$**白雪姫があるリンゴAを食べることになった**$,…\}$[4]
　　　　　（= 白雪姫がリンゴを食べる直前の知識状態）
　　$t_j < t_{eat} < t_{death} < t_k$
$K_{t_k} = K_{t_j} \cup \{$白雪姫はリンゴAを食べた，白雪姫は死んだ，…$\}$
　　$t_k < t_{poison} < t_l$
$K_{t_l} = K_{t_k} \cup \{$リンゴAは毒リンゴである，…$\}$

動態動詞の基本形は未来についての予定や予見を表せるので、白雪姫が「リンゴAを食べる」という意志あるいは予定を決定すれば、t_{eat} より前の知識状態 K_{t_j} に基づいて (23) のように言うことは可能である。

(23) 白雪姫はリンゴAを食べる。

しかし、K_{t_j} からは、「白雪姫がリンゴAを食べる」ことがすなわち「白雪姫が毒リンゴを食べる」ことであるという推論をすることはできない。つまり、(24) のように言うことはできない。

(24) 白雪姫は毒リンゴを食べる。

---

[3] (22) では K_{t_i} から K_{t_l} までの知識状態を記したが、それより前や後の状態も存在する。

[4] 「白雪姫がリンゴAを食べることになった」という知識は、白雪姫の意志や予定に基づくもので、小人にとってはリアルタイムに知りえない情報である可能性が高い。ただし、誰かが意志的な行動を起こす場合、実際の行動が行われる前に意志決定がなされた時点を想定することは自然である。太字で示した知識状態は、そのような想定に基づいて小人によって仮想された白雪姫の知識状態であると考える必要があるかもしれない。その場合、ここに示した知識状態の変化過程は、現実におけるリアルタイムの変化ではなく後に再構成されたものであることになる。

このため、白雪姫がリンゴAを食べることによってもたらされる結果（＝白雪姫の死）を t_j において予測することは不可能である。

それでは、シナリオBはどうだろうか。登場人物たちの知識状態の変遷は(25)のようになる。

(25) 　白雪姫—シナリオ B における知識状態の変遷：
$$K_{t_i} = \{\cdots, 人間は毒リンゴを食べれば死ぬ, \cdots\}$$
$$t_i < t_{poison} < t_j$$
$$K_{t_j} = K_{t_i} \cup \{リンゴAは毒リンゴである, \cdots\}$$
$$K_{t_k} = K_{t_j} \cup \{白雪姫がリンゴAを食べることが決定した, \cdots\}$$
$$t_k < t_{eat} < t_{death} < t_l$$
$$K_{t_l} = K_{t_k} \cup \{白雪姫はリンゴAを食べた, 白雪姫は死んだ, \cdots\}$$

このシナリオでは、t_{eat} 以前の知識状態 K_{t_k} において、「白雪姫がリンゴAを食べる」ことがすなわち「白雪姫が毒リンゴを食べる」ことであると推論可能である。つまり、白雪姫がリンゴAを食べることが決定した時点で、白雪姫が毒リンゴを食べることが決定したということができる。さらに、「毒リンゴを食べれば死ぬ」という一般的知識は既に持っているので、「白雪姫がリンゴAを食べる」ことが決定した時点で、「白雪姫が死ぬ」ことも予測することができる。つまり、(21)では、(19)の前件が言及する出来事が発生する直前の時点で、後件の事態の発生を予測することができる。つまり、(19)が適切に使用可能であるか否かは、前件が言及する出来事の発生よりも前の知識に基づいて、後件の事態が生じることが予測できたかどうかによって決まるのである。

(19)の適切性に関するこのような現象は、5.3.1節で取り上げた非難の因果構文の総称文分析からは予測されない。2つのシナリオのどちらにおいても、「人間は毒リンゴを食べると死ぬ」というのは一般的に成り立つ論理関係、あるいは一般的な法則関係として、知識の中に存在している。にも関わらず、「リンゴAが毒リンゴである」という個別的事態に関する知識を、過去のある

時点において持っていない場合には (19) の使用が適切でなくなる。このことは、沈 (1984) や幸松 (2006) の主張するような「論理関係や一般性の強調」で説明することは難しい。いっぽう、視点による分析の立場に立てば、過去の時点の知識が問題になるような現象を定式化することは比較的容易である。

ただし、総称文分析から次のような反論がなされるかもしれない。すなわち、(19) は「あるリンゴを食べる」ことと「死ぬ」ことの関係について述べており、「あるリンゴ」が毒リンゴであるということが常に成り立つわけではないため、一般的な論理関係とは言えず、使用が不適切になるのだ、という反論である。しかし、このような説明をしても問題は解決しない。なぜ「リンゴ A が毒リンゴである」という個別的事態に関する知識を過去の時点に持っていた場合には使用が適切になるのかが説明できないからだ。

本節では、個別的事態に関する知識を欠いているために、非難の因果構文の使用が適切でなくなる場合を見た。次節では、因果関係（法則など）に関する知識の有無も、非難の因果構文の適切性に影響を与えることを示す。

5.4.2 因果関係に関する一般的知識が問題になる場合

今度は、(26) と (27) のシナリオを考える。

(26) 胃潰瘍—シナリオ A：
　1. ある患者が胃潰瘍になった。
　2. 患者は医者に、自分が前日カニ雑炊とフルーツの盛り合わせ（リンゴ、パイナップル、桃）を食べてから、処方薬 A を飲んだことを話した。
　3. 患者はすぐに回復したが、胃潰瘍の原因は不明であった。
　4. 半年の調査の後、薬 A とパイナップルを一緒に摂ると胃潰瘍を誘発することが判明した。

(27) 胃潰瘍—シナリオ B：
　1. 医者がある患者に薬 A を処方した。
　2. 医者は服用上の注意として、パイナップル・キウイなどと一緒に摂

ると胃潰瘍などの副作用が起こることを伝えた。
3. 患者はパイナップルを食べて薬Aを飲み、胃潰瘍になった。

これら2つの状況において、医者（あるいは、患者以外の第三者）が次の例文(28)を使うことを想像されたい。

(28) あの患者はこの薬をパイナップルと一緒に**飲む**から胃潰瘍に**なる**んだ。

シナリオAの状況では(28)の使用は不適切だが、シナリオBの状況では適切に使用することができる。いっぽう、基本形ではなくタ形を用いた(29)はどちらのシナリオでも適切に使用可能である。

(29) あの患者はこの薬をパイナップルと一緒に**飲ん**だから胃潰瘍に**なっ**たんだ。

シナリオAにおいて、前件の出来事が発生する直前の知識状態は(30)のとおりである。「この薬をパイナップルと一緒に食べると胃潰瘍になる」という一般的な因果関係の知識を欠いているため、この知識状態から後件で述べられている事態の発生を予測できないことは明らかである。

(30) 患者が薬を飲む前の登場人物・談話参与者の知識状態（シナリオA）
    = |患者がパイナップルと一緒に薬Aを飲むことが決定した，…|
(31) 患者が薬Aをパイナップルと一緒に飲む
    ⇏ 患者は胃潰瘍になる

しかし、シナリオBでは状況が異なる。前件の出来事発生前の知識状態は(32)のように、一般的な因果関係に関する命題を含んでいる。よって、「患者が胃潰瘍になる」という結果を予測することができる。

(32) 患者が薬を飲む前の登場人物・談話参与者の知識状態（シナリオ B）
　　　= ｛人が薬 A をパイナップルと一緒に飲むと胃潰瘍になる，
　　　　　患者がパイナップルと一緒に薬 A を飲むことが決定した，…｝
(33) 患者が薬 A をパイナップルと一緒に飲む
　　　⇒ 患者は胃潰瘍になる

このように、一般的な因果関係に関する知識の有無も、非難の因果構文の適切性に影響を与える。

5.4.3　主体ごとに知識が異なる場合：補足

　5.4.1, 5.4.2 節では、'P カラ Q ノダ' で言及される出来事の発生前の知識状態に基づいて、事態のなりゆきが予測可能である場合にだけ、非難の因果構文を適切に使用できることを示した。しかし、「知識状態に基づいて予測可能である」という条件を考えると、「誰の」知識が問題にされるのか、という疑問が出てくる。5.4.1, 5.4.2 節のテストでは議論を単純化するために、因果構文で述べられている登場人物（原因となる出来事の動作主体など）や話し手、聞き手といった談話参与者の間の知識状態の違いが問題にならない状況を設定した。このテストの補足として、本節では登場人物や談話参与者の知識状態の違いがある状況で、非難の因果構文の適切性がどうなるかについて検討する。

　上で用いた白雪姫のシナリオ B（原因となる出来事が持つ性質の知識が欠けていないケース）に一部手を加えたシナリオ C を考える。ここで、変更が加えられているのは下線で示されている部分である。

(34)　**白雪姫—シナリオ C：**
　　　1.　白雪姫が見知らぬ老婆からリンゴを買った。
　　　2.　怪しく思った小人たちが、リンゴの成分調査をした。
　　　3.　調査の結果、リンゴに毒が含まれていることが判明した。
　　　4.　小人たちは調査の結果を白雪姫に伝えなかった。

5. 白雪姫がそのリンゴを食べて死んだ。

このシナリオでは小人たちと白雪姫の知識状態に差が生じる。原因節が言及している（指している）白雪姫が毒リンゴを食べるという出来事を e_{eat} と書くと、小人たちと白雪姫それぞれの知識状態の違いは (35) のように表せる。

(35) e_{eat} が発生する前の時点における知識状態
  a. **小人たちの知識状態** = K_{dwarf}
     K_{dwarf} ∋ '人間が毒リンゴを食べると死ぬ'、
          かつ、
     K_{dwarf} ∋ 'e_{eat} は、'人間が毒リンゴを食べる' という性質を持つ'
  b. **白雪姫の知識状態** = K_{SW}
     K_{SW} ∋ '人間が毒リンゴを食べると死ぬ'、
          かつ、
     K_{SW} ∌ 'e_{eat} は、'人間が毒リンゴを食べる' という性質を持つ'

このように知識状態に差がある場合でも (36) の適切性は低下するが、(18) のシナリオAのように知識状態に差がなく、誰からも予測不可能なケースよりは容認度が高くなる。

(36) ??白雪姫は、毒リンゴを**食べる**から、**死ぬ**んだ。　　　　(= (19))

仮に使用した場合は、話し手が責められるべきでない人を責めているアンフェア、あるいは冷酷な人間であるという印象を与えることになる。仮に (36) の発話者が小人の誰かであれば、その小人が冷酷と感じられる。いっぽう、発話者が小人たち以外の誰かであるときには、その話し手が冷酷だと感じられる[5]。この結果から、非難の因果構文が最も適切に使用できるのは、少なくと

---

[5] このとき興味深いのは、「小人たちが白雪姫にリンゴに毒が入っていると教えなかったこと」も白雪姫の死の一因であり、その点で小人たちに彼女の死の責任があるにも関わら

も動作主と発話者両方の知識状態から出来事のなりゆきが予測可能である場合だ、と言える。(34)のように動作主にとって出来事のなりゆきが予測不可能な状況で、非難の因果構文の発話者が冷酷であると感じられるのは、発話者が「動作主は出来事のなりゆきを予測できた」という事実に反する想定をしているためであろう。

　知識に差がある例をもう1つ示す。

(37)　(文脈：話し手の息子の功太が腹痛を訴えている。話し手は息子が牛乳を飲んだ跡を見つけた。その牛乳は10日前に賞味期限が切れている。息子はまだあまり字が読めない。話し手は功太に向かって言う。)
　　　a.？功太、期限切れの牛乳**飲む**から、お腹が**痛くなる**のよ。
　　　b.　功太、期限切れの牛乳**飲んだ**から、お腹が**痛くなった**のよ。

(37a)が非難の因果構文である。(37)の文脈では功太の知識の中に因果関係に関する知識、あるいは、自分が飲んだ牛乳が期限切れであったという知識（出来事の性質に関する知識）が存在していないと想定される。このとき(37a)の使用の適切性は低くなり、発話者である母親が「厳しい母親」であると感じられる。これも、(34)のときと同様である。ただし、(37)の文脈における(37a)の適切性は、(34)における(36)の適切性よりも高いようである。その原因が何であるかここで明確な説明は与えられないが、非難の因果構文が今後の動作主の行動に影響を与えうるときは適切性が上がると考えられる。つまり、(34)の状況では動作主たる白雪姫が既に死んでしまっているために、彼女の今後の行動に(36)で述べられている情報が影響を与えることはないが、(37)の状況では母親の発話は功太の今後の行動に影響を与えうるという違いであ

ず、発話者が非難している対象はやはり、小人たちではなく白雪姫としてしか解釈できない点である。これは、非難の因果構文の否定的ニュアンスが文脈や状況ではなく、文の形式そのものに起因することの傍証となる。(36)の発話者が小人であるときに小人が冷酷であると感じられるとしても、それは白雪姫に調査結果を教えなかったためではなく、(36)を発話したためである。

以上述べたように、登場人物や談話参与者の間に知識の非対称性が見られる際には、非難の因果構文の適切性は様々な要因の影響を受けるために複雑な様相をみせる。以下の分析では、知識の非対称性がある際の適切性の変化は捨象して、非難の因果構文の適切性に関わる原則を(38)のように想定する。

(38) **非難の因果構文の使用条件 I"**：
非難の因果構文は、そこで言及されている事態のなりゆき（結果となる出来事の発生）が、出来事が実際に発生する前に、関係する<u>すべての主体</u>の知識状態から予測可能である場合のみ、適切に使用できる。

5.4.4　5.4節のまとめ

5.4節では、登場人物や談話参与者などの知識状態の変遷が、非難の因果構文の使用の適切性に影響を与えることを示した。観察をまとめると、非難の因果構文が適切に使用可能になるのは、事態のなりゆきがあらかじめ予測できる場合、つまりカラ節が言及する出来事が発生する以前の知識状態において、主節で言及されている事態の発生が予測できる場合である。

本節で議論したような非難の因果構文の適切性を捉えるためには、過去の時点の知識状態と現在の知識状態を区別して扱える道具立てが必要となる。総称文分析の立場からこのような道具立てを作ることは容易ではない。いっぽう、視点分析の立場に基づき第3章で提案した、認識視点を用いた時制の

---

[6] より状況を複雑にするのは(i)のような例である。
　(i)　お隣の健ちゃんは、寝る間も惜しんで**勉強する**から東大に**受かる**のよ。
(i)が言及する「東大に受かる」という出来事は、一回的な、特定の過去の出来事と考えられる。基本形で過去の出来事に言及しているというのは非難の因果構文と同様であるが、(i)が言及している出来事は通常望ましいと考えられる出来事である。このような文が可能になるのは、話し手が(i)の発話によって聞き手の今後の行為に影響を与え、良い方向に向かわせようとしている場合である。今後の行為に対する影響という点は(37)と同様である。(i)のようなパターンの文については今後の課題とする。

分析は、この道具立てとして有用である。「過去に認識視点をおく」という分析は、(A) その時点を時制形式決定の基準時にすることにより、時制形式のふるまいを説明できる、(B) 単なる時制形式の「基準点」でなく、知識の保持者となりうる人間の「視点」とみなすことで、知識状態が文の適切性に影響することを定式化できる、という利点がある。次節では、第 3 章で論じた非難の因果構文の意味論分析を、本章のここまでの議論と関係付けて再度提示する。

5.5　認識視点による意味論的分析

本節では、第 3 章で示した非難の因果構文の分析を再掲し、本書の意味論に基づいて 5.4 節で論じた過去の知識状態と非難の因果構文の適切性の相関を説明できることを確認する。第 3 章の分析に基づけば、非難の因果構文 (1a) の構造は (39) のように分析される。

(39)　[$_{saP}$ [$_{SenP}$ [$_{SenP}$ 健は [$_{AdvP}$ [$_{TP}$ 昨日山ほど食べ [-る]$_{T0}$] から]
　　　　　　　　　　　　　　[$_{TP}$ お腹が痛くなる]] んだ]]。

それぞれの Sentience Phrase は意味的に視点付き命題に対応するため、意味解釈に際して認識視点が決定される必要がある。よって、(39) の認識視点は (40) のようになる。

(40)　[[健は昨日山ほど食べるからお腹が痛くなる]$_{\langle EA, t \rangle}$ んだ]$_{\langle spkr, ut \rangle}$^{c}

第 3 章で論じたとおり、「食べる」「痛くなる」という動詞基本形で過去の出来事に言及するためには、これらの動詞基本形の基準時となる認識視点 $\langle EA, t \rangle$ の t は「健が食べる」「健がお腹が痛くなる」という出来事が発生する時点より前におかれる必要がある。

(41)　$t < e_{eat} < e_{ache}$ （< UT）

これに理由表現カラ、および基本形の意味論を適用すると、(1a)の意味論は次のようになる。途中の意味の計算過程は第3章3.5.2節の(51)から(55)を参照されたい。

(42)　$K_{\langle EA,t \rangle} \ni$　　**if** $\exists e.[\textbf{eat-a-lot}(k)(e) \wedge t \leq s(e)]$
　　　　　　　　　　　then $\exists e'.[\textbf{become-stomachache}(k)(e') \wedge t \leq s(e')]$
　　　かつ
　　　$K_{\langle EA,t \rangle} \ni$　　$\exists e.[\textbf{eat-a-lot}(k)(e) \wedge t \leq s(e)]$

既述のとおり、(42)の意味論を直観的に言い換えると(43)のようになる。

(43)　過去のある認識時において、
　　a. 認識主体 EA が「健が山ほど食べる」という出来事が t 以降に起こることを知っており、かつ
　　b. 「健が山ほど食べるという出来事が t 以降に起こるならば、その事実が、健がお腹が痛くなるという出来事が t 以降に起こるという別の事実をもたらす」ということも知っている。（＝第3章, (56)）

この意味論を前節で論じた非難の因果構文の使用の適切性に関する条件(17)と見比べれば、その関係性は明らかであろう。ここに(44)として再掲する。

(44)　**非難の因果構文の使用条件 I':**
　　「P カラ Q ノダ」という非難の因果構文が適切に使用できるのは、P で言及されている出来事が発生する前の知識状態に
　　a. 「$\mathscr{P}$ という性質を持つ出来事が $\mathscr{Q}$ という性質を持つ出来事を引き起こす」という因果関係、および
　　b. P で言及されている出来事が性質 $\mathscr{P}$ を持つこと
　　が含まれているときのみである。
　　（ただし、$\mathscr{Q}$ は Q で言及されている出来事が持つ性質）

つまり、非難の因果構文は、(43a)のような「未来における個別的な出来事の発生に関する知識の存在」と、(43b)のような「未来に発生する2つの出来事の間の因果関係に関する知識の存在」を意味論に含んでいるのである。つまり、5.4節で論じた適切性に関する条件は、非難の因果構文の意味論からもたらされる条件として、本書の分析によって説明可能である。

　このように、本書の意味論分析を用いることで、非難の因果構文の特徴である過去における知識状態と使用の適切性の相関を捉えることは可能である。しかし、本章の出発点となった疑問を解決するには、もう少し議論を前に進める必要がある。欠けているのは、知識・予測可能性と「非難」という否定的ニュアンスがどう結びつくのかについての議論である。次節ではこの点について考察する。

5.6　「過去における予測」と否定的ニュアンス

　前節では非難の因果構文の意味論について論じた。次の疑問は、どのようにして「非難」のような否定的ニュアンスが意味論から導かれるのか、という点である。

　第2章でも触れたとおり、坂原(1985)は「P カラ／ノデ Q」という理由の言明が誘導推論によって、語用論的に「仮に P でなかったとしたら、Q でなかっただろう」という反事実条件文を含意すると述べている。例えば、(45a)や(45b)が発話された場合には、(46)が推論される。

(45)　a.　健は昨日山ほど**食べる**から、お腹が**痛くなる**んだ。
　　　　　　　　　　　　　　　　　　（＝(1a)；非難の因果構文）
　　　b.　健は昨日山ほど**食べた**から、お腹が**痛くなった**んだ。
　　　　　　　　　　　　　　　　　　（「通常」の因果構文）
(46)　昨日健が山ほど食べていなかったら、お腹が痛くなっていなかっただろう。　　　　　　　　　　　　　　　　　　（反事実条件文）

反事実条件文によって言及される出来事が「望ましい」、あるいは「望ましく

ない」などの評価を帯びたものとして理解される傾向があることは、先行研究でも指摘されている。この傾向に関わる原理として、Akatsuka (1997)は「望ましさ」の仮説（*Desirability Hypothesis*）を提案している。Akatsuka (1997)の分析によれば、条件推論を理解するうえで望ましい DESIRABLE ／望ましくない UNDESIRABLE という意味成分が重要な役割を果たすという。具体的には、条件文の前件と後件は望ましさに関して一致しなければならないという制約があると論じられている。例えば、(47a)が「走るな」という警告として理解されるのは、後件が「ケガをする」という望ましくないことが明らかな出来事に言及しているために、前件と後件の望ましさを一致させ、前件が「望ましくない」と理解された結果であるという。(47b)が「パーティーに来て」という勧めとして理解されるのも同様のプロセスによる。

(47) a. そんなに走ったら　　　　転んでケガするよ。　　⤳ **警告**
 　　　（UNDESIRABLE）　⇐　UNDESIRABLE
 b. 君がパーティーに来たら　　みんな喜ぶよ。　　　　⤳ **勧め**
 　　　（DESIRABLE）　⇐　DESIRABLE

「非難」や否定的ニュアンスと望ましさは密接な関係を持つと考えられるため、Akatsuka (1997)の理論は注目に値する。しかし、望ましさの仮説だけで否定的ニュアンスを説明することはできない。反事実条件文によって言及される仮定的状況は、望ましくないものである場合もあるからだ。(46)は「お腹が痛くならなかった」という望ましい仮定的状況について述べているが、(48)のように、「試験に落ちた」という望ましくない仮定的状況について述べることも可能である[7]。

---

[7] Fauconnier (1997)は語用論的原理 P_1（**自己中心的帰属** *egocentric attribution*）を提案している。原理 P_1 によれば、空想・想像の状況の中における話し手の行為やふるまいは、「望ましい」ものとして構成されるという。例えば、(ii) が父親に対する批判として理解されるのは原理 P_1 による。

(ii) If I were your father, I would spank you. 　　　　(Fauconnier 1997: p. 14)

(48) もし奈緒美が昨日その本を読んでいなかったら、試験に落ちていただろう。

それでは、非難の因果構文が言及する出来事はどうして否定的ニュアンスを受けるのだろうか。この点については明確な説明を与えることは難しいが、以下では関連すると考えられる現象を指摘し、否定的ニュアンスをもたらす要因について本書のアイデアを示す。

　もう一度因果構文とそこからの推論に立ち戻って考えよう。因果構文から推論されるのは、誘導推論によって得られる(46)だけではない。5.4節の適切性テスト、および5.5節の意味論から分かるとおり、非難の因果構文からは(49)の推論が可能である。いっぽう、通常の因果構文からは(50)のように反事実条件文は推論されるが、過去の知識状態に因果関係が存在していたことは推論できない。

(49) 健は昨日（= at t_a）山ほど食べるからお腹が痛くなるんだ。
　　⇝ 健が at t_a 山ほど食べていなければお腹が痛くなっていなかった。
　　　　　　　　　　　　　　　　　　　　　　　　［現在の知識］
　　⇝ 健が at t_a 山ほど食べるとお腹が痛くなる。　　［過去の知識状態］
(50) 健は昨日（= at t_a）山ほど食べたからお腹が痛くなったんだ。
　　⇝ 健が at t_a 山ほど食べていなければお腹が痛くなっていなかった。
　　　　　　　　　　　　　　　　　　　　　　　　［現在の知識］
　　⇸ 健が at t_a 山ほど食べるとお腹が痛くなる。　　［過去の知識状態］

日本語には、(49)と(50)と同様の推論パターンの違いを示す言語表現がある。「A

反事実状況が望ましいものとして理解されるという点を考えると、この原理 P_1 と似たような原理が非難の因果構文にも働いていると考えられる。ただし、自己中心的帰属の原理が適用できるのは、想像の状況において話し手の行為が述べられている場合に限られる。それに対して、非難の因果構文で言及されるのは話し手の行為だけとは限らない。実際、(46)は話し手の行為について述べていない。よって、P_1 だけで非難の因果構文の否定的ニュアンスを説明することも難しい。

する前にB」と「AしないうちにB」の対立である (Kaufmann & Takubo 2007)。「Aする前にB」と「AしないうちにB」にはどちらも、Aが現実世界で真になっているという解釈 (veridical reading) (51) と、実際にはAが現実世界で真にならなかったという解釈 (non-veridical reading) (52), (53) がある。

(51) 太陽が {昇る前／昇らないうち} に、家を出発した。
(52) 罰金を取られる前に車を動かした。
　　　We moved the car before we were fined.
　　　↛ If we don't move the car, we will be fined. 　　　　　　　　[then]
　　　⇝ If we hadn't moved the car, we would have been fined. 　　[now]
　　　　　　　　　　　　　　　（Kaufmann & Takubo 2007: p. 363,（18））
(53) 罰金を取られないうちに車を動かした。
　　　We moved the car before we were fined.
　　　⇝ If we don't move the car, we will be fined. 　　　　　　　　[then]
　　　　　　　　　　　　　　　（Kaufmann & Takubo 2007: p. 363,（19））

(52), (53) で示されているように、「Aする前にB」が発話された際は、AとBが起こる前の知識状態で「AするとBする」ことが予想できたとは限らないと推論される。いっぽう、「AしないうちにB」からはA, Bが起こる前の知識状態で「AするとBする」ことが予想できたと推論される[8]。つまり、「Aしな

---

[8] Kaufmann & Takubo (2007) によれば、英語の 'A before B' が non-veridical reading を受けるときには、「AしないうちにB」と同様の推論パターンをみせる。

　(iii) The speaker is on the bus from Kyoto to Tokyo. She gets off at Nagoya; the bus travels on. The next day the speaker hears that the bus had an accident and everyone on board was injured or killed.
　　a.　If I hadn't gotten off the bus, I would have been injured. 　　[true now]
　　b.　If I don't get off the bus, I will get injured. 　　　　　　　　　[was false then]
　　c.　# I got off the bus before I got injured.
　　　　　　　　　　　　　　　（Kaufmann & Takubo 2007: p. 361,（11））

いうちに B」は、過去の知識状態において因果関係が予想可能であった、という点で、非難の因果構文と共通する性質を持つ。しかも、よく知られているように、「A しないうちに B」という構文は A によって言及される出来事に対する否定的ニュアンスをともなう傾向がある。実際、(53) は「罰金を取られる」ことが避けるべき事態であるという印象を与える。

　このような共通性に基づけば、出来事のなりゆきに関するわたしたちの知識や推論と、肯定的あるいは否定的評価や望ましさについての評価において (54) のような傾向があると考えられる。

(54)　**過去において予測された course of event (coe) と評価**：
　　　「過去の知識状態において「**if P then Q**」という因果関係が予測可能であった」ということを推論させる表現が用いられたときには、[P：Q] という coe は、その知識状態に基づけば選ばれるべきでないものであると解釈される。

つまり、非難の因果構文は意味論によって「過去に 'if P then Q' が予測できた」という情報が得られ、しかも P が現実世界で真であることも分かるので、現実世界での coe が「選ばれるべきでなかった」ものと理解される。それに対して、「A しないうちに B」からは「過去に if $\neg B$ then A が予測できた」ことが推論され、さらに「A ない」から [B：A] という coe が現実でないことが分かるため、現実世界の coe は「選ばれるべきであった」ものとして理解される。この傾向は、意味論内部の問題ではなく、わたしたちの認知や推論に関わる傾向であり、その点で語用論的な要因と考えられる。ここで示したのは日本語における 2 つの現象のみであり、(54) の傾向が人間の認知・推論に一般的に見られることを完全に示せたわけではないが、上述の条件推論と望ましさの相関なども考えると、より広く検討する価値のある仮説と言えるだろう。

5.7 本章のまとめ

　本章では、非難の因果構文が持つ「非難」という否定的ニュアンスに注目して議論を行った。まず、5.2 節では否定的ニュアンスが向けられる対象が一次的には原因となる出来事であることを示し、また否定的ニュアンスの原因が話し手にとっての利害や予測不可能性によって説明できないことを論じた。次に 5.3 節で先行研究を概観し、総称文分析と視点分析という 2 つのアプローチを整理した。そのうえで、5.4 節では、非難の因果構文の適切性が、過去の知識状態に影響されることを示した。この特徴が本書で分析した意味論に基づいて説明できることを 5.5 節で論じた後、5.6 節で、過去における予測可能性について述べることと否定的ニュアンスを結びつける、わたしたちの認知・推論の傾向について示唆した。

第6章

結論

　本書では、現代日本語の理由表現カラ・ノデを中心として、主に意味論・語用論の側面から分析を行った。理由や因果の構文の中でも、本書が対象にしたのは、特定の出来事や事態に言及するような例である。このような例の特徴は、一般的な因果関係、法則や推論関係が現実世界で成立することを述べる側面と、具体的な時間的位置付けを持つ個別の出来事や事態が現実世界に存在することを述べる側面の両方を持つことである。それゆえ、理由表現を用いる発話者の知識や、理由表現によって記述されるような思考を持つ主体の知識の中には、一般的因果関係に関する情報と個別的事実に関する情報の両方が含まれる。この特徴に注目し、本書では、知識を持つ認識主体と、因果関係や法則についての一般的知識、個別的な出来事や事態の時間的位置付けなどを中心に据えて議論を進めた。また、このような知識への注目に関連して、次のような分析の基本方針をとった。すなわち、言語形式の解釈に関する特徴を説明するうえで、認識主体の知識のあり方や知識獲得の方法に関わる一般的特徴によって説明できる部分を増やし、言語の意味論そのものはできるだけ単純な要素で構成するという方針である。

　本書で用いた意味論の基本的な要素は、「認識視点」および視点なし命題と

視点付き命題である。この要素によって捉えようとしたのは、知識が認識主体および時間ごとに異なるという特徴、およびわたしたちの知識の一部に、いろいろな知識状態に関する知識が含まれているという特徴であった。認識視点は、言語表現を解釈する際に問題となっている知識状態を特定するための、知識の持ち主と問題としている時間を捉える概念である。視点なし命題は世界に存在する事物そのものについて述べた命題であるのに対して、視点付き命題は認識されたものとしての知識について述べた命題である。それぞれの概念に対する本書での形式的定義は次のとおりである。認識視点は、知識を持つ認識主体となりうる個体 EA と、どの時点での知識状態を問題にしているかを表す時点 t の順序対 $\langle EA, t \rangle$ として定義した。本書では視点なし命題を内包的命題（可能世界と時間の対から真理値 $\{0, 1\}$ への関数）として定義し、視点付き命題は、何らかの認識視点における知識状態を表す命題の集合 $K_{\langle EA, t \rangle}$ と視点なし命題あるいは視点付き命題の間の帰属関係について述べた命題であるとして定義した。この定義からも分かるとおり、視点付き命題が真になるか否かは認識視点が定まらなければ決めることができない。このような道具立てを定義したうえで、認識視点、視点なし命題、視点付き命題を用いて、理由構文の分析を行った。

　第2章では、最初に、意味的に視点付き命題に対応すると考えられる表現（感情・感覚述語、個人的な好みを表す述語、認識モーダル表現）に注目することで、これらの言語表現が実際に発話され、解釈される際に、認識視点がどこにあると解釈されるかについて観察した。その結果、日本語では通常は発話文脈の情報から、「発話時の話し手」が認識視点として選ばれるが、認識視点を転換するような表現（ノダ、証拠性表現のヨウダ・ラシイ・ソウダ、意志的因果関係用法のカラ・ノデ）が存在し、その下に埋め込まれたときは発話時の話し手以外の認識視点が選ばれうることを論じた。

　また、視点なし命題と視点付き命題という要素が重要な役割を果たす言語形式として、理由表現のカラ・ノデを取り上げ、統語論および意味論的な分析を示した。特に注目したのは、カラ・ノデ節の補部が視点なし命題であるか視点付き命題であるかと、理由文が表す因果関係の意志性の相関である。上

述の視点付き命題に対応する表現を用いたテストをすることで、カラ・ノデ節の補部が視点なし命題であれば理由文は非意志的因果関係を表し、視点付き命題であれば意志的因果関係を表すことが分かった。この結果を捉えるため、本書では Speas & Tenny (2003), Tenny (2006) などの統語的分析を採用して、視点なし命題と視点付き命題がそれぞれ TP, Sen(tience)P という別々の統語レベルに対応すると想定した。それに基づいて、カラ・ノデ節の補部が TP であるか SenP であるかが、カラ・ノデが表す因果関係の意志性に対応するという分析を提示した。さらに、理由文を条件文によって表される因果関係・法則的関係に関わるものとして分析する坂原(1985)の研究に基づいて、理由文の意味論を与えた。

　第3章から第5章では、認識視点を用いて理由文と時制形式の関係を議論した。考察の対象は、カラ・ノデを含み、因果関係を表す用法で用いられている理由文に絞って、その中に現れる時制形式、特に基本形(「食べる」「怒る」「走る」…)の分布と解釈を説明した。分析の対象としたのは次の2種類の例であった。それぞれの文が下に示した「カラ・ノデ節の出来事＜主節の出来事＜発話時」という時間関係で解釈される場合には、それぞれ「観察」と「非難」という解釈上の特徴を持つことをまとめた。

(1) **観察が関わる因果構文**：
　　先生が**怒る**｜から／ので｜、学生たちは静かにした。
　　|時間関係|：　　$e_{angry} < e_{quiet} < UT$
　　|特徴|：
　　a.　主節の主語がノデ節、カラ節の事態を観察し、その観察を理由にして主節で述べられる行動を行っている、ということを表す。
　　b.　副次的特徴：
　　　(i)　ノデ節、カラ節内の述語が、過程を持つ動きを表す動詞である。
　　　(ii)　従属節と主節の主語が異なる。
　　　(iii)　主節の主語が無生物ではない。

(2) 非難が関わる因果構文：
健は昨日山ほど食べるから、お腹が痛くなるんだ。

　　時間関係 ： $e_{eat} < e_{ache} <$ UT
　　特徴 ：
　　a. カラ節の主語を非難したり、バカにしたりする否定的なニュアンスがある。
　　b. 従属節・主節のどちらにおいても、基本形が過去の出来事に言及可能である。
　　c. 文末にノダが要求される。
　　d. カラは使用可能だが、ノデを用いると容認度が下がる。

第3章ではこれらの文が表す出来事の時間関係の解釈と、時制形式の分布を説明することに焦点をおいた。絶対時制・相対時制を用いた先行研究の分析では、(1)や(2)の文で太字で示した動詞基本形の分布と時間関係の解釈は説明できない。それに対して本書では、時制形式の解釈の基準時について(3)の分析をし、動詞基本形の意味論を(4)のように定めることでこれらの2種類の文を説明した。

(3) 日本語の動詞の時制形式は、以下の3つの時間のいずれかを基準時とし、その基準時以降の出来事・状態を表す。
　　a. 発話時
　　b. (視点なし命題に対応する従属節において) 主節の出来事時
　　c. (視点付き命題に対応する節において) **当該の節に対する認識視点**

(4) $[\![\text{-}(r)u]\!] = \lambda r.\lambda P \in D_{\langle v,t \rangle}.\exists e \in D_v.[P(e) \land r \leq s(e)]$　ただし、
　　a. r は基準時を表す時間のインターバル
　　b. s は出来事をとってその開始時点を与える関数
　　c. P ($\in D_{\langle v,t \rangle}$) は核文 (sentence radical) が表す出来事述語

第4章と第5章では、(1)と(2)の因果構文の解釈上の特徴である「観察」と

「非難」に注目して、これらの特徴を時制形式の意味論と、知識の獲得や推論に関する特徴の相関に基づいて説明した。第4章では(1)の文は、基本形の時制形式が表しうる基準時と出来事時の関係のうち、「観察時と出来事時が重なりを持つ（＝「現在」）」ケースであると分析し、それが「観察」という意味特徴をともなうのは、観察視点におけるリアルタイムの知識獲得過程、すなわち、予測や予定に基づかない直接体験として解釈されるためだと論じた。第5章では、(2)の文を使用する際の適切性が、観察視点における出来事のなりゆきの予測可能性と相関することを示し、それが「非難」という否定的ニュアンスにつながるという分析を提示した。第4章、第5章の議論はどちらも、解釈に関する特徴が時制形式の意味論と、わたしたちの知識獲得の過程や推論が持つ性質の相関によってもたらされるという分析をとっており、その点で上述した本書の分析の基本方針に合うものである。

おわりに

　本書は、2012年に京都大学に提出した学位論文「認識視点と因果：日本語理由・目的表現の研究」から、特に理由表現と時制について論じた部分を抜粋し、加筆修正を加えたものである。本書を刊行するにあたり、京都大学の「平成24年度総長裁量経費　若手研究者に係る出版助成事業」による助成を受けた。このような制度により出版の機会を得たことは、望外の喜びである。
　執筆に際して、多くの方々にご指導、ご協力をいただいた。
　田窪行則先生には、学部および大学院在学中、退学後の論文執筆期間を通して、指導教授として多くのご指導をいただいた。加えて、成果発表や研究交流などの機会を与えていただき、いろいろな研究者と交流し知見を広げるよう促してくださった。本書の内容についても、研究の着想、分析態度など多くの面において先生に負うところが大きい。先生のご指導なしには、この論文は完成しなかっただろう。
　京都大学文学研究科言語学研究室在籍時にお世話になった、庄垣内正弘先生、吉田和彦先生、吉田豊先生にもお礼を申し上げたい。先生方と学生の距離が近く、自由な雰囲気に満ちた環境で学べたことは、筆者にとって大きな財産であったと思う。また、学位論文の査読をしていただいた哲学研究室の出口康雄先生も、数多くの有益なコメントをくださった。哲学分野での研究に比すれば不十分な議論の多い内容であるにも関わらず、ご指導いただいたことに感謝したい。
　本書の内容の多くは、博士後期課程在学中にまとめられていたものである。しかし、実際に学位論文としてまとめる過程には長い時間を費やしてしまった。筆者を論文完成まで忍耐強く導いてくださった方々に感謝したい。九州大学の上山あゆみ先生は筆者との議論に長い時間を割いてくださり、議論をどのように整理すべきかについて貴重な助言をくださった。また、香港市立大学の原由理枝氏、広島大学の酒井弘先生、金英周氏には、共同研究を通し

てご指導、ご協力をいただいた。この共同研究の成果は、本書の議論の重要な部分をなしている。

　Kin3 Roundtable の参加者の皆さんにも感謝申し上げる。神戸松蔭女子学院大学の郡司隆男先生は、形式意味論や統語論の講義を通して初歩から理論についてご教授いただいた。大阪樟蔭女子大学の有田節子先生、ノースウエスタン大学の Stefan Kaufmann 先生の条件文の研究からは、分析対象、理論の枠組みなどについて影響を受けており、研究会やワークショップなどでの議論から多くのことを学ばせていただいた。特に、2005 年に開かれた Kaufmann 先生の様相論理学に関する特別講義は、筆者が現在の研究テーマに取り組む直接のきっかけとなった。

　学位論文執筆の最終段階は海外で迎えることになった。これは、学術振興会による「頭脳循環を活性化する若手研究者海外派遣プログラム」のフェローとして採用されたためである。これにより、ゲッチンゲン大学の Magdalena Kaufmann 先生、シカゴ大学の Christopher Kennedy 先生のもとで研究をさせていただく機会を得た。恵まれた環境で研究させていただけることに感謝するとともに、Magdalena Kaufmann 先生、Kennedy 先生、および Stefan Kaufmann 先生から貴重なコメントをいただいたことにお礼を申し上げる。

　これらの方々以外にも、本当に多くの方々に支えていただいて、どうにか学位論文、そして本書を完成させることができた。京都大学文学研究科言語学研究室でともに研究した先輩方や仲間たちは、公私両面にわたって筆者の支えであった。バラエティに富んだ研究者が所属する環境であったことは本当に幸運だったと思う。

　加えて、他研究室との交流から学んだ部分も大きい。京都大学人間環境学研究科の言語学関係の大学院生とは、「うらがみ研究会」と名付けた研究会で自由に発表や議論を行い、意見を交換することができた。文学研究科哲学研究室および科学哲学科学史研究室のメンバーとは、言語哲学から論理学、プログラミングに至るまで、多岐にわたる内容をともに学ばせていただいた。哲学的知見や論理学の詳細な形式化を分析に充分取り入れられなかったことは心残りだが、このような交流がなければ本書が現在のような形にならなかっ

ただろうことは確かである。

　今見ると力技ともいえる荒っぽい分析も見られるし、いただいたご指導や助言を充分に反映することができなかった部分も多いが、一定の形にまとめることができたことを喜びたい。出版に当たって原稿の検討をしていただいた三木那由他氏、大川祐矢氏、それから、編集を担当してくださった荻原典子氏に、心から感謝いたします。

田村早苗

参考文献

Akatsuka, N. (1997). Towards a theory of desirability in conditional reasoning. In Sohn, H. & Haig, J. (Eds.), *Japanese/Korean Linguistics 6*, pp. 41–58. CSLI Publications, Stanford.
Aoki, H. (1986). Evidentials in Japanese. In Chafe, W. & Nichols, J. (Eds.), *Evidentiality: The Linguistic Coding of Epistemology*, Advances in Discourse Processes Vol. 20, pp. 223–238. Ablex Publishing Corporation, Norwood.
有田節子 (1997). 「日本語の従属節の時制」. 『九大言語学研究室報告』, **18**, 23–32.
有田節子 (2004). 「(不) 完全時制節と日本語条件文」. 京都大学博士論文.
有田節子 (2007). 『日本語条件文と時制節性』. くろしお出版, 東京.
Barwise, J. (1981). Scenes and other situations. *The Journal of Philosophy*, **78** (7), 369–397.
Barwise, J. & Perry, J. (1983). *Situations and Attitudes*. MIT Press, Cambridge. Reprented as Barwise, J. & Perry, J. (1999), CSLI Publications, Stanford.
Bennett, J. F. (1988). *Events and Their Names*. Clarendon, Oxford.
Bennett, M. & Partee, B. H. (2004). Toward the logic of tense and aspect in English. In *Compositionality in Formal Semantics: Selected Papers by Barbara H. Partee*, pp. 59–109. Blackwell Publishing, Malden.
沈矛一 (1984). 「複合文の接続助詞でくくる節の述語のテンス―「スルが」と「シタが」、「スルので」と「シタので」など―」. 『語学教育研究論叢』, **1**, 20–122.
Cinque, G. (1999). *Adverbs and Functional Heads: A Cross-Linguistic Perspective*. Oxford University Press, Oxford.
Comrie, B. (1985). *Tense*. Cambridge University Press, Cambridge.
Cutrer, L. M. (1994). *Time and Tense in Narrative and in Everyday Language*. Ph.D. thesis, University of California, San Diego.
Davidson, D. (1967). Causal relations. *The Journal of Philosophy*, **64** (21), 691–703.
Degand, L. (2000). Causal connectives or causal prepositions?: Discursive constraints. *Journal of Pragmatics*, **32**, 687–707.
Dowty, D. R. (1977). Toward a semantic analysis of verb aspect and the English 'imperfective' progressive. *Linguistics and Philosophy*, **1**, 45–77.
Ehring, D. (2009). Causal Relata. In *The Oxford Handbook of Causation*, pp. 387–413. Oxford University Press, Oxford.
Fauconnier, G. (1985). *Mental Spaces*. Cambridge University Press, Cambridge.
Fauconnier, G. (1997). *Mappings in Thought and Language*. Cambridge University Press, Cambridge.
言語学研究会・構文論グループ (1985). 「条件づけを表現するつきそい・あわせ文 (二)

―その 2・原因的なつきそい・あわせ文―」．『教育国語』, **82**, 26–43.
Hara, Y.（2006）. *Grammar of Knowledge Representation: Japanese Discourse Items at Interfaces.* Ph.D. thesis, University of Delaware.
Hara, Y.（2008）. Evidentiality of discourse items and *because*-clauses. *Journal of Semantics*, **25** (3), 229–268.
Hara, Y., Kim, Y., Sakai, H., & Tamura, S.（to appear）. Semantic realization of the layered TP: Evidence from the ambiguity of the sentential *koto*-nominal. In Frellesuig, B. & Sells, P. (Eds.), *Japanese/Korean Linguistics 20*. CSLI Publications, Stanford.
長谷川信子（編）(2007)．『日本語の主文現象―統語構造とモダリティ―』．ひつじ書房，東京．
Higginbotham, J.（1983）. The logic of perceptual reports: An extensional alternative to situation semantics. *The Journal of Philosophy*, **80** (2), 100–127.
樋口万里子(2001).「日本語の時制表現と事態認知視点」．『九州工業大学工学部紀要人間科学篇』, **14**, 53–81.
姫野伴子（1995）.「「から」と文の階層性 1 ―演述形の場合―」．阪田雪子先生古希記念論文集刊行委員会(編),『阪田雪子先生古希記念論文集』, pp. 129–145.三省堂, 東京．
Igarashi, Y. & Gunji, T.（1998）. The temporal system in Japanese. In Takao, G. & Hashida, K. (Eds.), *Topics in Constraint-based Grammar of Japanese*, pp. 81–97. Kluwer Academic Publishers, Dordrecht.
Iwasaki, S.（1993）. *Subjectivity in Grammar and Discourse.* John Benjamins, Amsterdam/Philadelphia.
岩崎卓(1993).「ノデ節、カラ節のテンスについて」．大阪大学修士論文．
岩崎卓(1994).「ノデ節、カラ節のテンスについて―従属節事態後続型のルノデ／ルカラ―」．『国語学』, **179**, 114–103.
岩崎卓(1995).「従属節のテンスと視点」．『現代日本語研究』, **2**, 67–84.
賈朝勃(2001).「カラ・ノデ節中の述語の「同時型スル形」」．『日本語と日本文学』, **32**, 19–30.
神永正史(2001).「ノデ節、カラ節のル形とタ形について」．『日本語と日本文学』, **32**, 31–44.
上林洋二(1994).「条件表現各論―カラ／ノデ―」．『日本語学』, **3** (8), 74–80.
Kaufmann, S.（2005）. Conditional truth and future reference. *Journal of Semantics*, **22**, 231–280.
Kaufmann, S. & Miyachi, M.（2011）. On the temporal interpretation of Japanese temporal clauses. *Journal of East Asian Linguistics*, **20** (1), 33–76.
Kaufmann, S. & Takubo, Y.（2007）. Non-veridical use of Japanese expressions of temporal precedence. In McGloin, N. & Mori, J. (Eds.), *Japanese/Korean Linguistics 15*, pp. 358–369. CSLI Publications, Stanford.

金水敏(1991).「「報告」についての覚書」.仁田義雄・益岡隆志(編),『日本語のモダリティ』, pp. 121–129. くろしお出版, 東京.
工藤真由美(1987).「現代日本語のアスペクトについて」.『教育国語』, **91**, 2–21.
工藤真由美(1989).「現代日本語の従属文のテンスとアスペクト」.『横浜国立大学人文紀要 第二類 語学・文学』, **36**, 1–25.
工藤真由美(1995).『アスペクト・テンス体系とテクスト―現代日本語の時間の表現―』. ひつじ書房, 東京.
Kuno, S. (1973). *The Structure of the Japanese Language*. MIT Press, Cambridge.
Kuroda, S.-Y. (1973). Where epistemology, style and grammar meet: A case study from Japanese. In Anderson, S. R. & Kiparsky, P. (Eds.), *A Festschrift for Morris Halle*, pp. 377–391. Holt, Rinehart and Winston, Inc., Austin.
Lasersohn, P. (2005). Context dependence, disagreement, and predicates of personal taste. *Linguistics and Philosophy*, **28**, 643–686.
Lasersohn, P. (2009). Relative truth, speaker commitment, and control of implicit arguments. *Synthese*, **166**, 359–374.
Maat, H. P. & Degand, L. (2001). Scaling causal relations and connectives in terms of speaker involvement. *Cognitive Linguistics*, **12** (3), 211–245.
Maat, H. P. & Sanders, T. (2001). Subjectivity in causal connectives: An empirical study of language in use. *Cognitive Linguistics*, **12** (3), 247–273.
前田直子(1996).「日本語複文の記述的研究」. 大阪大学博士論文.
前田直子(2006).『「ように」の意味・用法』. 笠間書院, 東京.
前田直子(2009).『日本語の複文―条件文と原因・理由文の記述的研究―』. くろしお出版, 東京.
益岡隆志(1991).『モダリティの文法』. くろしお出版, 東京.
益岡隆志(1997).「表現の主観性」. 田窪行則(編),『視点と言語行動』, pp. 1–10. くろしお出版, 東京.
益岡隆志・田窪行則(1992).『基礎日本語文法―改訂版―』. くろしお出版, 東京.
McCready, E. (2007). Context shifting in questions and elsewhere. In Puig-Waldmüller, E. (Ed.), *Proceedings of Sinn und Bedeutung 11*, pp. 433–447. Universitat Pompeu Fabra, Barcelona.
三原健一(1991).「「視点の原理」と従属節時制」.『日本語学』, **3**, 64–77.
三原健一(1992).『時制解釈と統語現象』. くろしお出版, 東京.
三上章(1963).『日本語の構文』. くろしお出版, 東京.
南不二男(1974).『現代日本語の構造』. 大修館書店, 東京.
南不二男(1993).『現代日本語文法の輪郭』. 大修館書店, 東京.
中村ちどり(2001).「第4章 複文におけるテンスの解釈」.『日本語の時間表現』, pp. 105–153. くろしお出版, 東京.
仁田義雄(1991).『日本語のモダリティと人称』. ひつじ書房, 春日部.

野田尚史(1989).「真性モダリティを持たない文」.仁田義雄・益岡隆志(編),『日本語のモダリティ』, pp. 131–157. くろしお出版, 東京.
Ogihara, T.(1996). *Tense, Attitudes, and Scope*. Kluwer Academic Publishers, Dordrecht/Boston/London.
Oshima, D. Y.(2006). *Perspectives in Reported Discourse*. Ph.D. thesis, Stanford University.
大塚真理子(2006).「理由文の時制解釈と視点—「雨ガ降ルノデ、崖ガ崩レタ」は、なぜ許容度が低いか—」.『日本語学会2006年春季大会予稿集』.東京学芸大学.
Parsons, T.(1989). The progressive in English: Events, states and processes. *Linguistics and Philosophy*, **12**, 213–241.
Parsons, T.(1990). *Events in the Semantics of English: A Study in Subatomic Semantics*. MIT Press, Cambridge/London.
Ramsey, F. P.(1931). General propositions and causality. In Braithwaite, R. (Ed.), *The Foundations of Mathematics, and Other Logical Essays*, pp. 237–255. K. Paul, Trench & Trubner, London.
Rizzi, L.(1997). The fine structure of the left periphery. In Haegeman, L. (Ed.), *Elements of Grammar*, pp. 281–337. Kluwer Academic Publishers, Dordrecht.
Sæbø, K. J.(1991). Causal and purposive clauses. In von Stechow, A. & Wunderlich, D. (Eds.), *Semantik: ein internationales Handbuch der zeitgenössischen forschung [= Semantics: An International Handbook of Contemporary Research]*, pp. 623–631. Walter de Gruyter, Berlin/New York.
坂原茂(1985).『日常言語の推論』.東京大学出版会, 東京.
Sanders, T., Sanders, J., & Sweetser, E.(2009). Causality, cognition and communication. In Sanders, T. & Sweetser, E. (Eds.), *Causal Categories in Discourse and Cognition*, pp. 19–59. Mouton, Berlin/New York.
Schaffer, J.(2007). The metaphysics of causation. In *Stanford Encyclopedia of Philosophy*. http://plato.stanford.edu/entries/causation-metaphysics/.
白井賢一郎(1991).『自然言語の意味論—モンタギューから「状況」への展開—』.産業図書, 東京.
白川博之(1995).「理由を表さない「カラ」」.仁田義雄(編),『複文の研究(上)』, pp. 189–219. くろしお出版, 東京.
Speas, P. & Tenny, C. L.(2003). Configurational properties of point of view roles. In Di Sciullo, A. M. (Ed.), *Asymmetry in Grammar, Volume 1: Syntax and Semantics*, pp. 315–344. John Benjamins, Amsterdam.
Sperber, D. & Wilson, D.(1995). *Relevance: Communication and Cognition* (2nd edition). Blackwell Publishing, Oxford/Cambridge.
Stephenson, T. C.(2007a). Judge dependence, epistemic modals, and predicates of personal taste. *Linguistics and Philosophy*, **30**, 487–525.
Stephenson, T. C.(2007b). *Towards a Theory of Subjective Meaning*. Ph.D. thesis, Mas-

sachusetts Institute of Technology.

Sweetser, E. E.（1990）. *From Etymology to Pragmatics*. Cambridge University Press, Cambridge.

田窪行則（1987）.「統語構造と文脈情報」.『日本語学』, **6** (5), 37–48.

田窪行則（1990）.「対話における知識管理について―対話モデルからみた日本語の特性―」. 崎山理・佐藤昭裕（編），『アジアの諸言語と一般言語学』, pp. 837–845. 三省堂, 東京.

田窪行則（1992）.「談話管理の標識について」. 文化言語学編集委員会（編），『文化言語学―その提言と建設―』, pp. 1110–1097. 三省堂, 東京.

田窪行則（1993）.「談話管理理論から見た日本語の反事実条件文」. 益岡隆志（編），『日本語の条件表現』, pp. 169–183. くろしお出版, 東京.

田窪行則（1997）.「まえがき」. 田窪行則（編），『視点と言語行動』. くろしお出版, 東京.

田窪行則（2001）.「現代日本語における2種のモーダル助動詞類について」. 刊行委員会（編），『梅田博之教授古稀記念 韓日語文学論叢』, pp. 1003–1025. 太学社, ソウル.

田窪行則（2006）.「日本語条件文とモダリティ」. 京都大学博士論文.

Takubo, Y.（2007）. A two layered analysis of tense and aspect in Japanese. Handout for Kaken workshop in Kyoto, February 23.

田窪行則（2008a）.「日本語のテンス・アスペクト―参照点を表すトコロダを中心に―」.『日本文化研究』, **25**, 5–20.

田窪行則（2008b）.「日本語の条件文と反事実解釈」.『日本文化研究』, **28**, 21–46.

田窪行則（2010）.『日本語の構造―推論と知識管理―』. くろしお出版, 東京.

Tamura, S.（2009）. Tense and modality in Japanese causal expressions. In Takubo, Y., Kinuhata, T., Grzelak, S., & Nagai, K. (Eds.), *Japanese/Korean Linguistics 16*, pp. 496–510. CSLI Publications, Stanford.

Tamura, S., Hara, Y., Kim, Y., & Sakai, H.（2011）. Japanese sentential nominalization and different kinds of causation. In Maezawa, H. & Yokogoshi, A. (Eds.), *Proceedings of the 7th Workshop on Altaic Formal Linguistics (WAFL7)*, pp. 91–105. MITWPL, Cambridge.

Tenny, C. L.（2006）. Evidentiality, experiencers, and the syntax of sentience in Japanese. *Journal of East Asian Linguistics*, **15**, 245–288.

寺村秀夫（1984）.『日本語のシンタクスと意味 II』. くろしお出版, 東京.

Thomason, R. H.（1970）. Indeterminist time and truth value gaps. *Theoria*, **36**, 264–281.

Thomason, R. H.（1984）. Combinations of tense and modality. In *Handbook of Philosophical Logic, Vol.2: Extensions of Classical Logic*, pp. 135–165. D. Reidel, Dordrecht.

Uno, R.（2007）. Perspectives and causal clauses in English and Japanese. 日本語用論学会第 10 回大会予稿集, p. 71.

Uno, R.（2009）. *Detecting and Sharing Perspective Using Causals in Japanese*. Hituzi Syobo, Tokyo.

宇野良子・池上高志（2006）.「視点と時間―カラ節のテンスの分析―」. 『日本認知言語学会論文集』, **6**, 215–223.
Vendler, Z.（1967a）. Causal relations. *The Journal of Philosophy*, **64** (21), 704–713.
Vendler, Z.（1967b）. *Linguistics in Philosophy*. Cornell University Press, Ithaca.
吉本啓（1993）.「日本語の文階層構造と主題・焦点・時制」. 『言語研究』, **103**, 141–166.
幸松英恵（2006）.「「のだ」文におけるテンス・アスペクトの変容」. 『日本語文法』, **6** (2), 79–97.

索　引

A～Z

Beg(e,t)　83
content level　28
course of event (coe)　128
Cul(e,t)　82
Desirability Hypothesis　125
egocentric attribution　125
epistemic level　28
eventuality　53, 82, 86
generic　50
imperfective paradox　82
judge　15
NI report　88, 90, 91
reportive style　18
Speech act P (saP)　41, 45
speech act level　28
Sentience P (SenP)　8, 40, 41, 44, 62, 98, 122, 133
settledness　95
TP　8, 44, 133

あ

アスペクト　49, 64, 77, 78, 81, 85, 87, 108
意志的因果関係用法（カラ・ノデ）　8, 38, 44, 46
一般的な因果関係の知識　117
インターバル　49, 62, 64, 69, 76, 78, 86, 98, 134
埋め込み環境　17, 23, 27, 45, 68
オランダ語　32

か

過去時制　49
「過去における予測」　124
カラ・ノデ　1, 5, 18, 23, 27, 28, 30, 36, 38, 40, 43, 46, 47, 53, 56, 62, 67, 76, 78, 79, 80, 84, 85, 87, 88, 93, 94, 95, 131
観察が関わる因果構文　56, 61, 62, 75, 99, 133
観察可能な過程　57, 85
観察の因果構文　61, 62, 67, 68, 73, 75, 78, 79, 80, 85, 87, 88, 90, 91, 93, 94, 95, 98, 99
感情・感覚述語　7, 13, 14, 15, 17, 18, 19, 23, 25, 36, 38, 68, 132
感情・感覚述語の人称制限　13, 23, 68
基準時／インターバル　5, 48, 62, 63, 65, 67, 76, 78, 88, 98, 102, 109, 122, 134
既定性（settledness）　95
基本形（ル形、スル形）　47, 49, 51, 57, 58, 61, 63, 67, 77, 78, 80, 81, 85, 87, 88, 93, 94, 95, 98, 99, 101, 103, 107, 108, 112, 117, 121,

122, 133
基本形の意味論　61, 66, 78, 79, 86, 98, 99, 123, 134
空のモーダル要素　54
原因・理由を表す用法（カラ・ノデ）　30, 110
限界性　81, 85
個人的な好みを表す述語　7, 13, 14, 17, 20, 24, 25, 36, 68, 132
個別的事態に関する知識　115
根拠を表す用法（カラ・ノデ）　30, 38, 43

さ

坂原（1985）　43, 124, 133
自己中心的帰属（egocentric attribution）　125
時制形式　1, 5, 46, 47, 49, 51, 52, 54, 60, 61, 63, 67, 72, 75, 78, 95, 102, 109, 122, 133
時制節　77
視点付き命題　4, 5, 7, 8, 12, 13, 14, 16, 17, 20, 23, 25, 27, 28, 36, 38, 40, 44, 46, 48, 61, 62, 66, 67, 75, 79, 94, 98, 102, 122, 132
視点なし命題　4, 5, 7, 8, 13, 27, 28, 36, 40, 44, 46, 48, 62, 67, 131
視点分析　107, 108, 121, 129
証拠性表現　18, 23, 37, 95, 98
証拠に基づく推論　4
絶対時制　47, 51, 53, 54, 58, 61, 67, 72, 75, 134
総称的（generic）解釈　50
総称的な知識　3
総称文分析　107, 115, 129
相対時制　47, 51, 53, 54, 58, 61, 67, 73, 75, 134

た

態度動詞　12
対話文体　18
タ形　19, 49, 51, 59, 65, 77, 78, 81, 85, 103, 117
「脱テンス」　56, 108
談話管理理論　95
知覚構文　88, 90
知識状態　5, 10, 16, 22, 95, 103, 111, 112, 113, 117, 118, 121, 122, 126, 129, 132
「知識についての知識」　4
直接体験　3, 77, 97, 99, 135
直知　97
テイル形　50, 77, 78, 80, 81
出来事時／インターバル　47, 53, 62, 64, 67, 72, 76, 78, 79, 108, 134
（出来事の）開始局面　83, 98
（出来事の）終了局面　78, 82, 86, 98
「テンス・アスペクトの変容」　108
動態動詞　47, 61, 64, 69, 79, 80, 88, 114
透明性　90

な

内容レベル（content level）　28
認識時／インターバル　64, 69, 76, 79, 81, 84, 123
認識時基準　72, 73
認識視点　1, 5, 7, 11, 12, 14, 15, 17, 18, 23, 25, 27, 38, 46, 48, 61, 62, 67, 72, 75, 79, 95, 98, 102, 111, 121, 122, 131

認識視点の決定　17, 18, 25, 37
認識視点の転換　17, 18, 38
認識主体　2, 4, 7, 8, 13, 15, 16, 17, 21, 25, 31, 45, 46, 65, 68, 73, 77, 94, 96, 98, 123, 131
認識投射　40
認識モーダル表現　7, 13, 16, 17, 22, 24, 36
認識レベル (epistemic level)　28
「望ましさ」の仮説 (Desirebility Hypothesis)　125
ノダ　8, 18, 23, 26, 27, 39, 60, 61, 67, 101, 112, 118, 123, 132

は

発話行為レベル (speech-act level)　28
発話時　4, 5, 8, 12, 13, 19, 23, 27, 38, 47, 50, 51, 54, 55, 63, 67, 72, 102, 103, 108, 132
発話時基準　67, 72
発話文脈　7, 18, 23, 132
反事実条件文　124
判断主 (judge)　15, 20, 68
非意志的因果用法 (カラ・ノデ)　8, 38, 46, 132
非埋め込み環境　17, 20, 25, 27
非過去時制　49, 108
否定的ニュアンス　102, 103, 120, 124, 129, 135
非難が関わる因果構文　58, 61, 62, 67, 75, 101, 134
非難の因果構文　67, 73, 101, 103, 107, 109, 111, 115, 118, 121, 122, 124, 129
「非難」の副次的意味　56, 111
副次的意味　56, 60, 101, 103, 111

不定形　64, 87, 88, 93, 94
不定形分析　87, 88, 94
不定節 (非時制節)　77, 88, 90, 93
不透明性　91
フランス語　34

ま

モーダル要素　4, 34, 43, 54, 62, 95, 98
物語文体　18

や

誘導推論　124

ら

「ルカラ〜ノダ。」類の文　59, 101

＜著者紹介＞

田村早苗(たむら・さなえ)

滋賀県甲賀市出身。
京都大学大学院文学研究科修了。博士(文学)。
京都大学 GCOE 研究員の後、2011〜2012 年に「頭脳循環を活性化する若手研究者海外派遣プログラム」フェローとしてゲッチンゲン大学、シカゴ大学で研究。
現在、京都大学ほか非常勤講師。専門は日本語の意味論、語用論。

認識視点と因果
日本語理由表現と時制の研究

2013 年 3 月 27 日 初版第 1 刷発行	著 者	田村　早苗
	装 丁	大坪佳正
	発行所	株式会社　くろしお出版
		〒113-0033　東京都文京区本郷 3-21-10
		TEL　03-5684-3389
		FAX　03-5684-4762
		E-mail　kurosio@9640.jp
		URL　http://www.9640.jp
	印刷所	シナノ書籍印刷株式会社

© Sanae TAMURA 2013, Printed in Japan
ISBN978-4-87424-580-4　C3080
●乱丁・落丁はおとりかえいたします。本書の無断転載・複製を禁じます。